Éditrice : Caty Bérubé

Directrice générale : Julie Doddridge

Chef d'équipe production éditoriale : Isabelle Roy
Chef d'équipe production graphique : Marie-Christine Langlois
Chefs cuisiniers : Benoît Boudreau et Richard Houde.

Chargée de contenu : Laurence Roy-Tétreault
Auteurs : Miléna Babin, Caty Bérubé, Benoît Boudreau, Richard Houde, Annie Lavoie
et Raphaële St-Laurent Pelletier.
Réviseures : Marilou Cloutier et Corinne Dallain.
Conceptrices graphiques : Annie Gauthier, Lucie Lévesque-Pageau, Ariane Michaud-Gagnon,
Myriam Poulin, Claudia Renaud et Joëlle Renauld.
Spécialiste en traitement d'images et calibration photo : Yves Vaillancourt
Photographes : Sabrina Belzil, Rémy Germain et Marie-Ève Lévesque
Stylistes culinaires : Laurie Collin et Christine Morin.

Directeur de la distribution : Marcel Bernatchez
Distribution : Éditions Pratico-Pratiques et Messageries ADP.

Impression : TC Interglobe

Dépôt légal : 2e trimestre 2015
Bibliothèque et Archives nationales du Québec
Bibliothèque et Archives Canada
ISBN 978-2-89658-628-8

Gouvernement du Québec - Programme de crédit d'impôt pour l'édition de livres - Gestion SODEC

1685, boulevard Talbot, Québec (QC) G2N 0C6
Tél. : 418 877-0259
Sans frais : 1 866 882-0091
Téléc. : 418 780-1716
www.pratico-pratiques.com

Commentaires et suggestions : info@pratico-pratiques.com

Salades &
vinaigrettes exquises

Table des matières

Mes plaisirs gourmands

Le bonheur est dans la salade

J'aime les salades.

Pour moi, elles sont synonymes de plaisir, de fraîcheur et d'abondance.

Quelle joie de voir autant d'ingrédients frais, colorés, savoureux et vitaminés réunis dans un même bol!

En plus de nous en mettre plein la vue, les salades nous en mettent également plein la bouche! Reines des mélanges improbables, elles réussissent à marier saveurs salées, sucrées et acidulées à des textures croustillantes, croquantes et moelleuses pour nous offrir une expérience gustative hors du commun.

Et quelle polyvalence! Tout comme les plats de pâtes, elles donnent lieu à d'infinies possibilités! Viande, volaille, poisson, fruits de mer, légumes, fruits, noix, fromage… presque tout ce qui se trouve dans le frigo et le garde-manger peut servir à les concocter.

Si, comme moi, vous craquez pour les salades, ce livre de la collection *Les plaisirs gourmands de Caty* est pour vous! En plus de contenir une foule d'informations et d'astuces pour les réussir, il propose 100 recettes de salades alléchantes à servir en repas ou en accompagnement. Chacune d'elles est accompagnée d'une exquise vinaigrette spécialement conçue pour en sublimer les saveurs! En prime, une section complète dédiée aux vinaigrettes classiques comme la César, l'Italienne ou la Française.

Envie d'un bon plaisir gourmand?

Laissez-vous tenter par une délicieuse salade!

Fraîcheur et variété au menu

Hautement polyvalente, la salade a toujours la cote ! Rehaussée d'une foule d'aliments d'ici et d'ailleurs, ce plat devient à la fois nutritif et alléchant. Parcourez les pages qui suivent pour découvrir les secrets d'une salade bien équilibrée.

En entrée, dans les lunchs, pour les soupers improvisés, pour passer les restes... la salade sait se réinventer au gré de nos envies ! Le mot d'ordre pour échapper à la monotonie : variété ! Le mariage d'ingrédients tantôt audacieux, tantôt nourrissants contribue à injecter couleur, fraîcheur et saveur dans l'assiette. Lorsqu'elle constitue le plat principal, il faut toutefois s'assurer qu'elle contienne des aliments des quatre groupes alimentaires, que l'on jazzera à l'aide de garnitures qui procureront illico du plaisir aux papilles. Qu'on la préfère végé, à base de pâtes, de céréales, de légumineuses, de laitue, bien protéinée ou exotique, la salade se classe incontestablement parmi les repas aux possibilités infinies.

Place à la créativité !

Choisir sa « salade »

« Salade » ne rime pas forcément avec « laitue » ! Un nombre illimité d'ingrédients sont offerts et peuvent servir de base pour préparer les meilleures recettes. En voici quelques-uns pour vous inspirer.

Essayez-le en chips pour garnir votre salade et lui donner du croquant ! Voyez notre recette en page 146.

La mâche. Peu calorique, elle fournit des vitamines A et C, de l'acide folique, du fer, du potassium, du magnésium, du zinc et du phosphore. Elle est délicieuse pour accompagner le saumon fumé et les noix.

Le chou kale. Ce chou vert frisé dévoile des feuilles coriaces au goût prononcé. Il est source de vitamines A, C et K, d'antioxydants, de calcium ainsi que de potassium. Essayez-le avec les agrumes, le sésame et l'avocat.

La roquette. Elle contient plusieurs antioxydants associés à une diminution du risque de cancer. Accompagnée d'un filet d'huile et de parmesan ou encore parsemée dans une salade de pâtes, de légumineuses ou de céréales, elle ajoute un goût poivré et une légère amertume.

La laitue iceberg. Certains ne la croient pas de taille devant les laitues goûteuses, mais c'est elle qui se conserve le mieux ! Pauvre en calories, elle se compose à 95 % d'eau et fournit des fibres solubles ainsi que des vitamines B et K. Étant bien croquante, on peut la mélanger à d'autres verdures pour varier les textures.

L'épinard. Il regorge de vitamines A, K et B6, de manganèse, de cuivre et de fer. Essayez-le avec des poires et des pacanes ou encore, dans la fameuse salade d'amour !

Voyez notre recette en page 30 !

L'edamame. Petite fève de soya d'aspect similaire aux pois verts, l'edamame renferme deux fois plus de protéines que les autres légumineuses, en plus d'être une bonne source de fibres. Mélangez-le à une salade de quinoa, de riz ou de légumineuses.

L'endive. Légère, elle fournit une bonne dose de potassium ainsi que de vitamines C et B9. Bien croquantes, ses feuilles sont mises en valeur par l'huile de noix et le vinaigre de xérès. La variété rouge, à la saveur plus douce, met de la couleur dans l'assiette !

Le quinoa. Ce grain brille par sa teneur élevée en protéines. Il est riche en manganèse, en fer et en cuivre. Son léger goût de noisette se marie à merveille avec les vinaigrettes à base d'huile de sésame et de citron.

Prolonger la fraîcheur

Voici quelques conseils pour dire adieu aux laitues flétries !

- Avant de réfrigérer votre laitue frisée ou romaine, retirez les feuilles pourries, rincez la laitue sous l'eau froide, puis égouttez-la. Quant aux laitues iceberg et Boston, nettoyez-les à la toute dernière minute.

- Placez vos laitues au frigo, dans un sac perforé et couvertes de papier absorbant humide.

- La durée de vie des mélanges prêts à l'emploi peut être prolongée si l'on glisse un essuie-tout dans le sac afin d'absorber le surplus d'humidité.

- Évitez de placer la laitue dans le même tiroir que les fruits, car certains d'entre eux produisent de l'éthylène, un gaz qui accélère le processus de mûrissement des aliments.

- Votre laitue est ramollie ? Avant de la consommer, placez-la dans l'eau tiède, puis immédiatement dans l'eau froide afin de lui faire subir un traitement choc.

Bien emballée, la laitue frisée peut se conserver jusqu'à trois jours au frigo, et la romaine jusqu'à cinq jours.

Zoom sur la salade-repas

Une salade-repas équilibrée devrait fournir des aliments des quatre groupes alimentaires ou être accompagnée d'un à-côté permettant d'aller chercher tous les nutriments essentiels. **Une portion devrait procurer un minimum de 15 g de protéines, quantité équivalant à :**

- 125 ml (½ tasse) de viande, de volaille, de poisson ou de fruits de mer
- 2 œufs cuits dur
- 125 ml (½ tasse) de fromage en cubes
- 180 ml (¾ de tasse) de légumineuses
- ½ paquet de tofu de 454 g
- 125 ml (½ tasse) d'amandes

Astuces pour réussir sa salade de pâtes

Les pâtes servies en salade sont toujours fort appréciées ! Mais encore faut-il qu'elles présentent une belle texture… Voici nos conseils !

- Faites cuire les pâtes de 1 à 2 minutes de plus que le temps de cuisson suggéré sur l'emballage, afin qu'elles soient un peu plus molles qu'*al dente*. Une fois refroidies, elles auront une texture juste assez ferme.

- Après la cuisson, égouttez les pâtes, puis arrosez-les d'un filet d'huile d'olive afin que la sauce adhère mieux aux pâtes. Si vous souhaitez préparer votre salade dès la cuisson terminée, passez rapidement les pâtes sous l'eau froide pour les refroidir, puis égouttez-les. Si nécessaire, épongez-les avec du papier absorbant afin de retirer un maximum d'eau.

> Vous avez un surplus de pâtes ? Laissez-les refroidir à température ambiante, puis conservez-les au frigo dans un contenant hermétique arrosées d'un filet d'huile d'olive afin que les pâtes ne collent pas. Elles seront à portée de main pour concocter une salade sur le pouce !

Polyvalentes herbes fraîches

En plus de parfumer les salades, les herbes fraîches permettent de réduire la quantité de sel ajoutée. En voici quelques-unes indispensables en cuisine.

1. **La coriandre.** Idéale pour rehausser les salades de verdure, de nouilles à l'asiatique ou encore les salades de riz à la mexicaine.

2. **Le basilic.** Il parfume divinement bien les salades de tomates et de bocconcinis. Il ajoute également une pointe d'exotisme aux salades de pâtes ou de légumes.

3. **La ciboulette.** Légèrement piquante, elle s'accorde à merveille aux concombres, aux tomates et aux pommes de terre.

4. **L'aneth.** Les salades au goût plus neutre (salade de pommes de terre ou de haricots) ou celles à base de fruits de mer s'associent bien à son goût frais et anisé.

5. **Le persil.** Qu'il soit frisé ou italien, il agrémente bien le taboulé et une foule d'autres salades sans éclipser les autres ingrédients.

> Difficile de conserver vos herbes fraîches plus de trois jours ? Des dispositifs pour le frigo vendus dans plusieurs cuisineries permettent d'immerger leurs tiges dans l'eau pour préserver leur fraîcheur jusqu'à trois semaines !

L'avocat : vedette des salades

On raffole de la chair onctueuse et du goût fin de l'avocat ! Il se marie parfaitement aux tomates, aux crevettes ainsi qu'au citron, et fournit plusieurs nutriments essentiels tels des fibres, de l'acide folique ainsi que des vitamines C et B6. Il est toutefois riche en matières grasses et en calories (300 calories par avocat), mais étant une source de bons gras et très nutritif, on a tout intérêt à l'intégrer à nos salades ! Comme sa chair s'oxyde, on recommande de l'arroser de jus de citron si on prévoit le consommer plus tard. Vos avocats ne sont pas à point ? Pour accélérer leur mûrissement d'un jour ou deux, déposez-les dans un endroit sec, enveloppés dans un papier journal. Vous pouvez aussi les placer dans un sac de papier brun, accompagnés d'une pomme ou d'une banane : ces fruits libèrent de l'éthylène, gaz qui active le mûrissement.

Vous raffolez de la salade César ? Assurez-vous de disposer les aliments dans l'ordre suivant pour préserver la texture croquante des croûtons : vinaigrette, salade, fromage, croûtons.

In, la salade en pot !

Voilà un concept pratique pour trimballer la salade dans les lunchs sans chichis ! Avant de la servir, il suffit de remuer vigoureusement le pot Mason afin de bien mélanger la vinaigrette et les garnitures. Voici l'ordre de montage à respecter pour éviter que l'humidité affecte certains ingrédients :

1. Vinaigrette
2. Protéines (facultatif)
3. Légumes
4. Noix, graines ou céréales (facultatif)
5. Fromage (facultatif)
6. Feuillus et herbes fraîches

L'abc d'une vinaigrette réussie

a **Proportion.** Une vinaigrette parfaitement équilibrée doit respecter ce ratio : trois parts d'huile (d'olive, d'avocat, de noix, etc.) pour une part d'acide (vinaigre balsamique, vinaigre de riz, jus de citron, etc.).

b **Consistance.** L'ajout de moutarde, de mayonnaise ou de yogourt nature permettra d'homogénéiser la vinaigrette et d'obtenir une belle consistance. Si, à l'inverse, votre vinaigrette est trop épaisse, allongez-la en incorporant un peu d'eau tiède.

c **Variété.** Plutôt que de toujours employer les mêmes huiles et les mêmes vinaigres, variez-les en fonction de ce que vous mangez. Par exemple, le vinaigre de riz convient autant aux salades asiatiques qu'à celles plus classiques. Celui aux framboises relève bien les salades à base de fruits de mer, celui au cidre, les salades sucrées-salées, et le vinaigre balsamique, les laitues vertes.

En à-côté

Quoi de mieux pour ajouter du punch dans l'assiette que d'accompagner vos plats favoris d'une salade croquante et savoureuse? En plus des classiques salade César, salade de chou et salade de tomates, adoptez ces recettes où fenouil, endives, betteraves, pommes et céleri-rave volent la vedette! Tout pour charmer à coup sûr vos convives!

Salade rafraîchissante au fenouil et radis

Préparation : 20 minutes — **Quantité** : 4 portions

1	fenouil			
8	radis			
2	branches de céleri			

Pour la vinaigrette :

60 ml (¼ de tasse) d'huile d'olive

30 ml (2 c. à soupe) de jus de citron

15 ml (1 c. à soupe) de miel

15 ml (1 c. à soupe) de moutarde à l'ancienne

1,25 ml (¼ de c. à thé) de piment d'Espelette

Sel et poivre au goût

—

1. Dans un saladier, fouetter les ingrédients de la vinaigrette.

2. Parer le fenouil et l'émincer en suivant les étapes présentées ci-dessous.

3. Émincer finement les radis et le céleri.

4. Dans le saladier, déposer les légumes, le fenouil émincé et quelques tiges de son feuillage. Remuer.

—

C'EST FACILE !
—

Avec sa saveur qui rappelle celle de l'anis, le fenouil est délicieux cru ou cuit. Son feuillage parfume salades et bouillons. Voici comment parer et émincer le bulbe.

Parer et émincer le fenouil

1 À l'aide d'un couteau, retirer les tiges vertes. Hacher grossièrement le feuillage plumeux et réserver comme aromate si désiré.

2 Rincer le bulbe à l'eau froide et l'éponger. Retirer les parties brunâtres ou abîmées à l'aide d'un économe.

3 Trancher le bulbe en deux, puis couper chaque moitié en deux afin d'obtenir quatre quartiers.

4 Couper la partie coriace à la base de chaque quartier. Si le fenouil est utilisé pour un plat qui cuira, dans un mijoté par exemple, ne pas retirer le cœur pour éviter que les lamelles ne se détachent.

5 À l'aide d'un couteau, émincer finement les quartiers sur la longueur. Pour des tranches plus fines, utiliser une mandoline.

Salade César

Préparation : 20 minutes — **Cuisson :** 8 minutes — **Quantité :** 4 portions

375 ml (1 ½ tasse) de pain taillé en dés

1 laitue romaine

10 tranches de bacon cuites et émiettées

Parmesan râpé au goût

125 ml (½ tasse) de vinaigrette César (voir recette en page 156) ou de sa version allégée (voir recette ci-dessous)

—

1. Préchauffer le four à 180°C (350°F).

2. Déposer les dés de pain sur une plaque de cuisson. Faire dorer au four de 8 à 12 minutes. Retirer du four et laisser tiédir.

3. Pendant ce temps, préparer la vinaigrette César selon les indications de la recette présentée ci-dessous ou de celle de la page 156.

4. Déchiqueter la laitue et déposer dans un saladier. Ajouter les croûtons, le bacon et le parmesan. Remuer et répartir la salade dans les assiettes. Napper de vinaigrette César.

—

J'aime avec...

Vinaigrette César allégée
Pour 245 ml (environ 1 tasse)

Dans un bol, fouetter 125 ml (½ tasse) de yogourt nature avec 80 ml (⅓ de tasse) de mayonnaise allégée, 60 ml (¼ de tasse) de parmesan râpé, 15 ml (1 c. à soupe) de jus de citron et 10 ml (2 c. à thé) d'ail haché.

Salade de chou crémeuse

Préparation : 15 minutes — **Quantité :** 4 portions

½	chou vert finement émincé
2	carottes râpées
1	petit oignon émincé
30 ml	(2 c. à soupe) de persil haché

Pour la vinaigrette :

125 ml	(½ tasse) de mayonnaise
30 ml	(2 c. à soupe) de vinaigre de cidre
30 ml	(2 c. à soupe) de miel
15 ml	(1 c. à soupe) d'huile d'olive
5 ml	(1 c. à thé) de moutarde de Dijon
	Sel et poivre au goût

—

1. Dans un saladier, mélanger les ingrédients de la vinaigrette.

2. Ajouter le chou vert, les carottes et l'oignon dans le saladier. Bien mélanger.

3. Parsemer de persil.

—

La salade de chou traditionnelle

Dans un saladier, mélanger 80 ml (⅓ de tasse) d'huile de canola avec 30 ml (2 c. à soupe) de jus de citron, 30 ml (2 c. à soupe) de miel, 15 ml (1 c. à soupe) de vinaigre de cidre et 5 ml (1 c. à thé) de moutarde de Dijon. Saler et poivrer.

Salade de brocoli et pommes

Préparation : 20 minutes — **Quantité :** 4 portions

15 ml	(1 c. à soupe) d'huile de canola
80 ml	(⅓ de tasse) de pancetta taillée en dés
2	pommes coupées en dés
½	oignon rouge émincé
1	branche de céleri émincée
500 ml	(2 tasses) de brocoli taillé en petits bouquets
80 ml	(⅓ de tasse) de canneberges séchées
80 ml	(⅓ de tasse) de noix de Grenoble rôties

—

1. Dans une poêle, chauffer l'huile à feu moyen-élevé. Cuire les dés de pancetta de 5 à 7 minutes, jusqu'à ce qu'ils soient croustillants. Égoutter sur du papier absorbant. Laisser tiédir.

2. Émincer les pommes, l'oignon rouge et le céleri.

3. Dans un saladier, déposer tous les ingrédients. Remuer.

—

J'aime avec...

Vinaigrette sucrée-salée

Dans un bol, mélanger 80 ml (⅓ de tasse) de mayonnaise avec 45 ml (3 c. à soupe) de vinaigre de cidre, 30 ml (2 c. à soupe) de yogourt grec nature, 30 ml (2 c. à soupe) de sirop d'érable, 15 ml (1 c. à soupe) d'huile d'olive et 10 ml (2 c. à thé) de moutarde de Dijon. Saler et poivrer.

Rémoulade aux graines de sésame

Préparation : 15 minutes — **Réfrigération :** 30 minutes — **Quantité :** 4 portions

2	céleris-raves
30 ml	(2 c. à soupe) de jus de citron
80 ml	(⅓ de tasse) de mayonnaise
30 ml	(2 c. à soupe) de lait
15 ml	(1 c. à soupe) de moutarde à l'ancienne
60 ml	(¼ de tasse) de persil haché
30 ml	(2 c. à soupe) de graines de sésame rôties
30 ml	(2 c. à soupe) d'aneth haché
	Sel et poivre au goût

—

1. Éplucher les céleris-raves, puis les couper en fine julienne ou les râper. Déposer dans un bol.

2. Ajouter le jus de citron dans le bol et remuer.

3. Dans un saladier, fouetter la mayonnaise avec le lait, la moutarde, le persil, les graines de sésame et l'aneth. Saler et poivrer. Ajouter le céleri-rave et remuer.

4. Réfrigérer 30 minutes avant de servir.

—

LE SAVIEZ-VOUS ?
—

Qu'est-ce que le céleri-rave ?

En partie à cause de son apparence un peu étrange, le céleri-rave est relativement peu connu. Mais ne vous fiez pas aux apparences ! Malgré sa pelure brune et rugueuse, ce légume a un goût de noisette légèrement citronné et sa texture rappelle à la fois le persil et le céleri. Outre dans la classique rémoulade, le céleri-rave se prête très bien à la cuisson et sa purée se marie à merveille avec celle des pommes de terre. À découvrir !

Salade de tomates

Préparation : 15 minutes — **Quantité :** 4 portions

6	tomates jaunes
12	tomates cerises rouges
	Feuilles de basilic au goût

Pour la vinaigrette :

60 ml	(¼ de tasse) d'huile d'olive
15 ml	(1 c. à soupe) de câpres égouttées
15 ml	(1 c. à soupe) de fleur d'ail
15 ml	(1 c. à soupe) de vinaigre balsamique
15 ml	(1 c. à soupe) de ciboulette hachée
10 ml	(2 c. à thé) de persil haché
½	oignon rouge haché
	Sel et poivre au goût

—

1. Couper les tomates en quatre et les tomates cerises en deux.

2. Dans un saladier, fouetter les ingrédients de la vinaigrette.

3. Ajouter les tomates et remuer délicatement.

4. Répartir la salade dans les assiettes. Garnir chaque portion de feuilles de basilic.

—

J'aime parce que...

La fleur d'ail a plusieurs avantages

Il y a la fleur d'ail fraîche et, bien plus pratique, la fleur d'ail fermentée dans l'huile. Un soupçon de celle-ci suffit à rehausser une mayonnaise ou une vinaigrette, à assaisonner une soupe, des pâtes ou un filet de poisson. D'un goût plus doux que l'ail, elle a aussi l'avantage de ne pas parfumer l'haleine. La fleur d'ail se conserve au moins deux ans au réfrigérateur.

Julienne de betteraves aux noix et endives

Préparation : 15 minutes — **Quantité :** 4 portions

60 ml	(¼ de tasse) d'huile d'olive
15 ml	(1 c. à soupe) de moutarde à l'ancienne
15 ml	(1 c. à soupe) de jus de citron
80 ml	(⅓ de tasse) de noix de Grenoble hachées
45 ml	(3 c. à soupe) de ciboulette hachée
1	sac de julienne de betteraves (de type Saladexpress) de 340 g
	Sel et poivre au goût
2	endives

—

1. Dans un saladier, fouetter l'huile avec la moutarde et le jus de citron.

2. Ajouter les noix, la ciboulette et les betteraves dans le saladier. Saler et poivrer. Remuer.

3. Répartir les feuilles d'endives dans les assiettes. Garnir chacune des portions de salade de betteraves.

—

LE SAVIEZ-VOUS ?
—

Les betteraves prêtes à manger, ça existe !

On raffole des betteraves, mais souvent, on manque de temps pour les parer et les cuire. Pour profiter de leur goût délicieux et de leurs atouts nutritifs, vous pouvez vous procurer des betteraves en julienne prêtes à manger au rayon des légumes frais du supermarché. Un excellent moyen de mettre de la couleur dans vos plats, sans vous tacher les doigts !

Salade d'amour

Préparation : 15 minutes — **Quantité :** 4 portions

Pour la vinaigrette :

125 ml	(½ tasse) d'huile d'olive
60 ml	(¼ de tasse) de sauce soya
5	gousses d'ail hachées
	Sel et poivre au goût

Pour la salade :

½	échalote sèche
1	poivron rouge
1	sac de bébés épinards de 400 g
500 ml	(2 tasses) de riz cuit
250 ml	(1 tasse) de graines de tournesol
250 ml	(1 tasse) de fèves germées
80 ml	(⅓ de tasse) de raisins secs

—

1. Dans un bol, fouetter les ingrédients de la vinaigrette. Réserver.

2. Émincer l'échalote et le poivron.

3. Dans un saladier, mélanger les ingrédients de la salade. Ajouter la vinaigrette. Remuer.

—

Salade de cœurs

Préparation : 20 minutes — **Quantité :** de 8 à 10 portions

2	boîtes de cœurs de palmier de 398 ml, rincés et égouttés
1	boîte de cœurs d'artichauts de 398 ml, rincés et égouttés
30 ml	(2 c. à soupe) de câpres
12	olives dénoyautées
4	tomates coupées en quartiers
½	oignon rouge haché

Pour la vinaigrette :

125 ml	(½ tasse) d'huile d'olive
45 ml	(3 c. à soupe) de persil haché
30 ml	(2 c. à soupe) de vinaigre de cidre
30 ml	(2 c. à soupe) de moutarde à l'ancienne
15 ml	(1 c. à soupe) de moutarde de Dijon
15 ml	(1 c. à soupe) d'origan haché
	Sel et poivre au goût

—

1. Dans un saladier, fouetter les ingrédients de la vinaigrette.

2. Couper les cœurs de palmier en biseau et les cœurs d'artichauts en quatre.

3. Dans le saladier, ajouter les cœurs de palmier, les cœurs d'artichauts, les câpres, les olives, les tomates et l'oignon rouge. Remuer délicatement.

—

Salades-repas

Si elles sont a priori simplissimes, ces salades-repas ne manquent pas de raffinement : chorizo, saumon, canard et crevettes les rendent élégantes ! Et le plus important ? Elles sont gourmandes et suffisamment consistantes pour vous faire patienter jusqu'au prochain repas.

Salade de porc et courgettes

Préparation : 15 minutes — **Quantité** : 4 portions

½   paquet de vermicelles de riz de 454 g

3   courgettes

½   oignon rouge

15 ml   (1 c. à soupe) de moutarde à l'ancienne

15 ml   (1 c. à soupe) d'assaisonnements pour porc à l'érable (de type Canadian Maple Delights)

60 ml   (¼ de tasse) d'huile d'olive

15 ml   (1 c. à soupe) de vinaigre de cidre

500 ml   (2 tasses) de bébés épinards

375 ml   (1 ½ tasse) de porc cuit et émincé

Sel et poivre au goût

—

1. Réhydrater les vermicelles de riz selon les indications de l'emballage.

2. Tailler les courgettes en julienne et émincer l'oignon rouge.

3. Dans un saladier, mélanger la moutarde avec les assaisonnements pour porc, l'huile et le vinaigre.

4. Incorporer les bébés épinards, le porc, les courgettes et l'oignon rouge. Saler et poivrer.

—

J'aime aussi...

Varier un peu

Vous n'avez pas de vermicelles de riz sous la main ou vous voulez modifier la salade pour faire changement à l'heure du lunch ? Pas de soucis ! Cette salade-repas sera tout aussi délicieuse et protéinée sans les vermicelles de riz.

Salade de saumon fumé et mâche

Préparation : 15 minutes — **Quantité :** 4 portions

500 ml	(2 tasses) de mâche
1	paquet de saumon fumé de 300 g

Pour la vinaigrette :

80 ml	(⅓ de tasse) d'huile d'olive
30 ml	(2 c. à soupe) de jus de citron
30 ml	(2 c. à soupe) d'échalotes sèches hachées
30 ml	(2 c. à soupe) de ciboulette hachée
15 ml	(1 c. à soupe) de miel
15 ml	(1 c. à soupe) de câpres rincées et égouttées
10 ml	(2 c. à thé) de moutarde à l'ancienne
	Sel et poivre au goût

—

1. Dans un bol, fouetter les ingrédients de la vinaigrette. Transférer la moitié de la vinaigrette dans un saladier.

2. Dans le saladier, ajouter la mâche et remuer.

3. Répartir les tranches de saumon fumé dans les assiettes et napper avec le reste de la vinaigrette. Garnir de salade de mâche.

—

J'aime avec... Chips de bagels

Trancher finement 2 bagels au sésame. Badigeonner les deux côtés de chacune des tranches avec 30 ml (2 c. à soupe) de beurre fondu. Déposer sur une plaque de cuisson et faire dorer au four 1 minute de chaque côté à la position « gril » (*broil*). Laisser tiédir.

Salade de pommes de terre rôties

Préparation : 25 minutes — **Cuisson** : 30 minutes — **Quantité** : 4 portions

16	pommes de terre grelots
15 ml	(1 c. à soupe) d'huile d'olive
	Sel et poivre au goût
16	asperges coupées en morceaux
250 g	(environ ½ lb) de jambon fumé
½	oignon rouge
12	cornichons
10	tranches fines de saucisson calabrese

—

1. Préchauffer le four à 205 °C (400 °F).

2. Couper les pommes de terre grelots en deux. Déposer dans un bol et mélanger avec l'huile d'olive. Saler et poivrer.

3. Sur une plaque de cuisson tapissée d'une feuille de papier parchemin, déposer les pommes de terre et cuire au four 25 minutes.

4. Ajouter les asperges sur la plaque et poursuivre la cuisson 5 minutes.

5. Couper le jambon en dés. Émincer l'oignon rouge, les cornichons et les tranches de saucisson.

6. Une fois les pommes de terre cuites, laisser tiédir 5 minutes. Déposer dans un saladier avec le reste des ingrédients de la salade.

—

J'aime avec...

Vinaigrette moutarde et estragon

Dans un bol, mélanger 60 ml (¼ de tasse) d'huile d'olive avec 45 ml (3 c. à soupe) de persil haché, 30 ml (2 c. à soupe) de moutarde à l'ancienne, 30 ml (2 c. à soupe) d'estragon haché et 15 ml (1 c. à soupe) de vinaigre de xérès. Saler et poivrer.

Salade de jambon fumé, pomme et fromage suisse

Préparation : 20 minutes — **Quantité :** 4 portions

200 g	(environ ½ lb) de jambon fumé
½	oignon rouge
1	pomme
2	endives
6	tranches de fromage suisse
1	laitue romaine
80 ml	(⅓ de tasse) de noix de Grenoble
	Pousses de pois mange-tout ou de radis au goût

—

1. Émincer le jambon fumé, l'oignon rouge, la pomme et les endives.

2. Couper les tranches de fromage suisse en morceaux.

3. Déchiqueter la laitue romaine et la déposer dans un saladier.

4. Ajouter le reste des ingrédients et remuer.

—

J'aime avec...

Vinaigrette aux deux moutardes

Dans un bol, mélanger 80 ml (⅓ de tasse) d'huile de canola avec 45 ml (3 c. à soupe) de persil haché, 30 ml (2 c. à soupe) d'échalotes sèches hachées, 15 ml (1 c. à soupe) de vinaigre de cidre, 10 ml (2 c. à thé) de moutarde de Dijon et 10 ml (2 c. à thé) de moutarde à l'ancienne. Saler et poivrer.

Salade de poulet pesto et grenade

Préparation : 20 minutes — **Cuisson :** 5 minutes — **Quantité :** 4 portions

3	poitrines de poulet sans peau
125 ml	(½ tasse) de grains de grenade
8	tomates cerises coupées en deux
750 ml	(3 tasses) de mesclun ou de laitue frisée

Pour la vinaigrette :

60 ml	(¼ de tasse) de pesto
60 ml	(¼ de tasse) d'huile d'olive
30 ml	(2 c. à soupe) de vinaigre balsamique
15 ml	(1 c. à soupe) de zestes de citron
	Sel et poivre au goût

—

1. Préchauffer le four à 205 °C (400 °F).

2. Couper les poitrines en trois sur l'épaisseur afin d'obtenir neuf escalopes. Déposer les escalopes côte à côte sur une plaque de cuisson tapissée d'une feuille de papier parchemin.

3. Dans un bol, mélanger les ingrédients de la vinaigrette. Transférer les deux tiers de la préparation dans un saladier et réserver. Badigeonner les escalopes avec le reste de la vinaigrette.

4. Cuire le poulet au four de 5 à 6 minutes, jusqu'à ce que l'intérieur de la chair ait perdu sa teinte rosée. Retirer du four. Déposer sur une planche à découper et laisser tiédir.

5. Dans le saladier, déposer les grains de grenade, les tomates cerises et le mesclun. Bien mélanger et répartir dans les assiettes.

6. Émincer les escalopes de poulet et servir sur la salade.

—

C'EST FACILE !
—

Faire du pesto

Dans le contenant du mélangeur, verser 60 ml (¼ de tasse) d'huile d'olive. Ajouter 2 gousses d'ail et 125 ml (½ tasse) de noix de pin. Mélanger quelques secondes. Ajouter 500 ml (2 tasses) de feuilles de basilic bien tassées, puis verser graduellement 60 ml (¼ de tasse) d'huile d'olive en donnant quelques impulsions entre chaque addition. Ajouter 125 ml (½ tasse) de parmesan râpé et mélanger quelques secondes, jusqu'à l'obtention de la consistance désirée.

Salade de crevettes à la mexicaine

Préparation : 20 minutes — **Quantité :** 4 portions

80 ml	(⅓ de tasse) de vinaigrette au choix ou de vinaigrette tex-mex (voir recette ci-dessous)
28	crevettes moyennes (calibre 31/40), cuites et décortiquées
½	laitue romaine déchiquetée
½	concombre anglais taillé en dés
18	tomates cerises coupées en deux
375 ml	(1 ½ tasse) de maïs en grains
1	avocat

—

1. Verser la vinaigrette dans un saladier. Ajouter les crevettes et remuer pour bien les enrober de vinaigrette.

2. Ajouter la laitue, le concombre, les tomates cerises et le maïs. Bien remuer.

3. Couper l'avocat en quartiers ou en dés et l'incorporer délicatement à la salade.

—

J'aime avec...

Vinaigrette tex-mex

Dans un saladier, mélanger 60 ml (¼ de tasse) d'huile d'olive avec 45 ml (3 c. à soupe) de coriandre hachée, 30 ml (2 c. à soupe) de jus de lime, 30 ml (2 c. à soupe) d'échalotes sèches hachées, 15 ml (1 c. à soupe) de zestes de lime, 10 ml (2 c. à thé) d'ail haché et 2,5 ml (½ c. à thé) de chipotle. Saler.

Salade de canard style César

Préparation : 15 minutes — **Cuisson :** 15 minutes — **Quantité :** 4 portions

Pour la vinaigrette :

80 ml	(⅓ de tasse) de yogourt grec nature 0 %
80 ml	(⅓ de tasse) de mayonnaise légère
30 ml	(2 c. à soupe) de câpres rincées et hachées finement
15 ml	(1 c. à soupe) de lait
5 ml	(1 c. à thé) de pâte d'anchois ou 1 filet d'anchois haché finement
½	gousse d'ail hachée finement
	Sel et poivre au goût

Pour la salade :

2	cuisses de canard confites
1	grosse laitue romaine
500 ml	(2 tasses) de croûtons
	Sel et poivre au goût
	Quelques copeaux de parmesan

1. Dans un bol, mélanger les ingrédients de la vinaigrette. Réfrigérer.

2. Préchauffer le four à 205 °C (400 °F).

3. Dans une casserole allant au four ou dans un plat de cuisson, déposer les cuisses de canard, côté peau vers le haut. Couvrir et cuire au four 10 minutes.

4. Retirer le couvercle et poursuivre la cuisson à « gril » (*broil*) environ 5 minutes, jusqu'à ce que la peau soit dorée et croustillante. Surveiller pour que la peau ne brûle pas.

5. Retirer la peau des cuisses et la couper en dés. Effilocher la chair.

6. Déchiqueter la laitue et la déposer dans un saladier.

7. Ajouter la vinaigrette, les croûtons, la chair et les dés de peau de canard. Bien mélanger. Saler et poivrer.

8. Au moment de servir, garnir de copeaux de parmesan.

Le canard est une viande santé

Même si elle est considérée comme grasse, la viande du canard contient moins de gras que celle du bœuf et du porc. Les propriétés de son gras ressemblent à celles de l'huile d'olive : il comprend des gras monoinsaturés, de « bons » gras qui aident à prévenir le diabète et les maladies cardiovasculaires. De plus, le canard est une bonne source de zinc, de fer et de vitamines du groupe B.

Recette de Ève Godin, nutritionniste

Salade tiède de maïs et chorizo

Préparation : 15 minutes — **Réfrigération :** 1 heure — **Cuisson :** 4 minutes — **Quantité :** 4 portions

30 ml	(2 c. à soupe) d'huile d'olive
200 g	(environ ½ lb) de chorizo coupé en dés
500 ml	(2 tasses) de maïs en grains
½	oignon rouge haché
80 ml	(⅓ de tasse) d'amandes tranchées
1	poivron vert coupé en dés
30 ml	(2 c. à soupe) de coriandre hachée

Pour la bruschetta :

6	tomates italiennes
30 ml	(2 c. à soupe) d'huile d'olive
30 ml	(2 c. à soupe) de basilic haché
5 ml	(1 c. à thé) d'ail haché
	Sel et poivre au goût

—

1. Préparer la bruschetta. Couper les tomates en deux. Retirer les graines à l'aide d'une petite cuillère et tailler la chair en dés.

2. Dans un bol, mélanger le reste des ingrédients de la bruschetta. Incorporer délicatement les tomates et réserver au frais 1 heure.

3. Dans une casserole, chauffer l'huile à feu moyen. Cuire le chorizo, le maïs et l'oignon rouge de 2 à 3 minutes.

4. Incorporer les amandes, le poivron, la coriandre et la bruschetta. Cuire de 2 à 3 minutes.

—

Salade de pâtes à la méditerranéenne

Préparation : 15 minutes — **Cuisson :** 10 minutes — **Quantité :** 4 portions

200 g	(environ ½ lb) de pennes
½	oignon rouge
12	tomates cerises
12	olives noires tranchées
1	contenant de feta de 200 g, coupée en dés
	Poivre au goût

Pour la vinaigrette :

60 ml	(¼ de tasse) d'huile d'olive
30 ml	(2 c. à soupe) de jus de citron
30 ml	(2 c. à soupe) de basilic émincé
30 ml	(2 c. à soupe) de persil haché
15 ml	(1 c. à soupe) de zestes de citron
10 ml	(2 c. à thé) d'ail haché
	Sel et poivre au goût

—

1. Dans une casserole d'eau bouillante salée, cuire les pâtes *al dente*. Égoutter.

2. Dans un saladier, mélanger les ingrédients de la vinaigrette.

3. Émincer l'oignon rouge et couper les tomates cerises en deux. Déposer dans le saladier avec les pâtes, les olives et la feta. Poivrer et remuer.

—

Salade niçoise au saumon grillé

Préparation : 20 minutes — **Cuisson :** 10 minutes — **Quantité :** 4 portions

4	filets de saumon
12	pommes de terre grelots
20	haricots verts coupés en deux
8	feuilles de laitue
12	tomates cerises coupées en deux
4	œufs cuits dur
12	olives noires

Pour la vinaigrette :

125 ml	(½ tasse) d'huile d'olive
30 ml	(2 c. à soupe) de vinaigre de vin blanc
30 ml	(2 c. à soupe) d'échalotes sèches hachées
30 ml	(2 c. à soupe) de persil haché
10 ml	(2 c. à thé) d'ail haché
	Sel et poivre au goût

—

1. Dans un bol, mélanger les ingrédients de la vinaigrette. Verser les trois quarts de la vinaigrette dans un contenant et réserver au frais.

2. Badigeonner généreusement les filets de saumon avec le reste de la vinaigrette. Réserver au fraís.

3. Couper les pommes de terre grelots en deux. Déposer dans une casserole d'eau salée. Porter à ébullition, puis cuire de 10 à 12 minutes, jusqu'à tendreté. Égoutter et laisser tiédir.

4. Dans une autre casserole d'eau bouillante salée, cuire les haricots de 3 à 5 minutes. Transférer dans une passoire, refroidir sous l'eau froide et égoutter.

5. Au moment de la cuisson, préchauffer le barbecue à puissance moyenne-élevée.

6. Sur la grille chaude et huilée du barbecue, déposer les filets de saumon, côté peau dessous, et cuire de 4 à 5 minutes de chaque côté. Couper les filets en cubes.

7. Dans un bol, mélanger la laitue avec les tomates cerises et la moitié de la vinaigrette. Répartir dans quatre assiettes.

8. Couper les œufs en quatre.

9. Garnir chaque portion d'œufs, de saumon et d'olives. Napper avec le reste de la vinaigrette.

—

Salade aux œufs, sauce au cari

Préparation : 15 minutes — **Cuisson :** 10 minutes — **Quantité :** 4 portions

8	œufs
2	branches de céleri
4	radis
½	oignon rouge
15 ml	(1 c. à soupe) de cari
60 ml	(¼ de tasse) de mayonnaise
45 ml	(3 c. à soupe) de jus d'orange
½	laitue romaine déchiquetée
30 ml	(2 c. à soupe) de persil haché

—

1. Déposer les œufs dans une casserole et les couvrir d'eau. Porter à ébullition, puis cuire 10 minutes. Égoutter et rafraîchir sous l'eau très froide.

2. Écaler les œufs. Couper en quartiers.

3. Émincer le céleri, les radis et l'oignon rouge.

4. Dans un bol, mélanger le cari avec la mayonnaise et le jus d'orange.

5. Sur un lit de laitue romaine, déposer les quartiers d'œufs. Ajouter les légumes et le persil.

6. Napper de sauce au cari.

—

Salade tiède de poulet aux légumes croquants

Préparation : 20 minutes — **Cuisson** : 5 minutes — **Quantité** : 4 portions

Pour la vinaigrette :

45 ml	(3 c. à soupe) de jus d'orange
45 ml	(3 c. à soupe) d'huile de canola
30 ml	(2 c. à soupe) de sauce soya
15 ml	(1 c. à soupe) de jus de lime
15 ml	(1 c. à soupe) de vinaigre de riz
10 ml	(2 c. à thé) de gingembre haché

Pour la salade :

80 g	de vermicelles de riz
1	concombre
2	carottes
1	poivron rouge
¼	de chou chinois
5 ml	(1 c. à thé) d'huile de sésame (non grillé)
340 g	(¾ de lb) de poitrines de poulet sans peau, taillées en dés
250 ml	(1 tasse) de fèves germées
	Quelques feuilles de coriandre

—

1. Dans un grand bol, mélanger les ingrédients de la vinaigrette. Réserver.

2. Réhydrater les vermicelles de riz selon les indications de l'emballage.

3. Couper le concombre et les carottes en fines lanières. Émincer le poivron et le chou.

4. Dans une poêle, chauffer l'huile de sésame à feu moyen-élevé. Faire dorer les dés de poulet. Verser le tiers de la vinaigrette et porter à ébullition. Laisser mijoter de 2 à 3 minutes à feu moyen.

5. Dans le bol contenant la vinaigrette, ajouter les vermicelles, les légumes émincés et les fèves germées. Bien mélanger.

6. Répartir la préparation aux vermicelles dans quatre assiettes. Ajouter les dés de poulet et la sauce chaude. Garnir de coriandre.

—

Salade de légumineuses

Préparation : 15 minutes — **Quantité :** de 4 à 6 portions

2	avocats
½	oignon rouge
1	poivron jaune
15	tomates cerises
1	boîte de haricots rouges de 540 ml, rincés et égouttés
1	boîte de pois chiches de 540 ml, rincés et égouttés

Pour la vinaigrette :

45 ml	(3 c. à soupe) d'huile d'olive
15 ml	(1 c. à soupe) de persil haché
15 ml	(1 c. à soupe) de basilic haché
15 ml	(1 c. à soupe) de vinaigre balsamique
1	gousse d'ail hachée
	Jus de citron au goût

—

1. Dans un saladier, mélanger les ingrédients de la vinaigrette.

2. Tailler les avocats, l'oignon rouge et le poivron en dés. Couper les tomates cerises en deux.

3. Déposer tous les ingrédients dans le saladier et remuer.

—

Pâtes, quinoa & Cie

Ces salades passe-partout seront assurément les meilleures alliées de vos prochains pique-niques et buffets en tous genres, mais surtout des boîtes à lunch de la famille ! À base de pâtes, de quinoa, de riz ou de couscous, elles s'agrémentent de légumes, de fruits et de fromage pour plaire à tous !

Salade de macaronis et jambon

Préparation : 20 minutes — **Cuisson :** 10 minutes — **Quantité :** 4 portions

250 g	(environ ½ lb) de macaronis
½	oignon rouge
1	branche de céleri
1	poivron rouge
250 g	(environ ½ lb) de jambon
30 ml	(2 c. à soupe) d'oignons verts hachés
	Sel et poivre au goût

Pour la vinaigrette :

125 ml	(½ tasse) de mayonnaise
30 ml	(2 c. à soupe) de jus de citron
30 ml	(2 c. à soupe) de miel
15 ml	(1 c. à soupe) de ciboulette hachée
10 ml	(2 c. à thé) de paprika
5 ml	(1 c. à thé) de moutarde de Dijon

—

1. Dans une casserole d'eau bouillante salée, cuire les pâtes en calculant de 1 à 2 minutes de plus que le temps indiqué sur l'emballage. Égoutter. Verser un filet d'huile d'olive et remuer.

2. Dans un saladier, mélanger les ingrédients de la vinaigrette.

3. Couper en dés l'oignon rouge, le céleri, le poivron et le jambon.

4. Déposer tous les ingrédients de la salade dans le saladier. Remuer.

—

Avec une vinaigrette crémeuse au poivron

Dans le contenant du mélangeur, émulsionner de 30 à 40 secondes 180 ml (¾ de tasse) de yogourt nature 0 % avec 80 ml (⅓ de tasse) de mayonnaise à l'huile d'olive, 30 ml (2 c. à soupe) de moutarde à l'ancienne, 30 ml (2 c. à soupe) de vinaigre balsamique, 30 ml (2 c. à soupe) de basilic haché, 30 ml (2 c. à soupe) de persil haché, 60 ml (¼ de tasse) de parmesan râpé, 3 oignons verts émincés, 1 poivron rouge coupé en cubes et 1 gousse d'ail émincée. Saler et poivrer.

Salade de quinoa, nectarine et avocat

Préparation : 15 minutes — **Cuisson :** 20 minutes — **Quantité :** 6 portions

250 ml	(1 tasse) de quinoa
15 ml	(1 c. à soupe) d'huile d'olive
30 ml	(2 c. à soupe) de jus de lime
1	avocat coupé en dés
1	nectarine coupée en dés
30 ml	(2 c. à soupe) d'amandes effilées
60 ml	(¼ de tasse) de coriandre hachée
	Sel et poivre au goût

—

1. Dans une passoire, déposer le quinoa et rincer à l'eau froide. Égoutter.

2. Dans une grande casserole, déposer le quinoa et couvrir d'eau froide salée. Porter à ébullition. Couvrir et cuire à feu moyen 20 minutes, jusqu'à ce que le quinoa soit *al dente*. Égoutter et rincer à l'eau froide. Réserver.

3. Dans un bol, mélanger l'huile avec le jus de lime.

4. Dans un saladier, transférer le quinoa tiédi et défaire les grains à la fourchette.

5. Ajouter l'avocat, la nectarine, les amandes et la coriandre dans le saladier. Incorporer la vinaigrette. Saler et poivrer. Remuer.

—

LE SAVIEZ-VOUS ?
—

Le quinoa est une bombe nutritionnelle

Le quinoa renferme une foule de nutriments essentiels : il est riche en fer et a une teneur élevée en protéines, en vitamines et minéraux ainsi qu'en fibres. En plus d'être santé, le quinoa est polyvalent : salades, soupes et à-côtés sont délicieux accompagnés de ce grain nutritif. Avant de le cuisiner, il est important de le rincer sous l'eau froide pour retirer la saponine, qui enveloppe les grains de quinoa et leur donne un goût amer.

Salade de raviolis aux légumes

Préparation : 15 minutes — **Cuisson :** 10 minutes — **Quantité :** 4 portions

1	paquet de raviolis au fromage de 350 g
150 g	(⅓ de lb) de haricots verts coupés en morceaux
30 ml	(2 c. à soupe) de pesto
1	poivron rouge coupé en dés
60 ml	(¼ de tasse) d'amandes en bâtonnets
45 ml	(3 c. à soupe) d'huile d'olive
	Sel et poivre au goût

—

1. Dans une casserole d'eau bouillante salée, cuire les raviolis avec les haricots en calculant de 1 à 2 minutes de plus que le temps indiqué sur l'emballage. Égoutter. Ajouter un filet d'huile d'olive et remuer.

2. Dans un saladier, mélanger le pesto avec le poivron, les bâtonnets d'amandes et l'huile d'olive. Saler et poivrer.

3. Ajouter les raviolis et les haricots dans le saladier, puis remuer.

—

 J'aime aussi...

Varier les raviolis

Vous souhaitez diversifier les saveurs de ce plat ? Plusieurs variétés de raviolis farcis sont vendues sur le marché : épinards et ricotta, champignons, blé entier, fines herbes, etc. Pour ajouter une dose de protéines, il en existe aussi à base de viande. Idéalement, une portion de raviolis devrait fournir au moins 12 g de protéines ainsi qu'un maximum de 360 mg de sodium et de 3 g de gras saturé.

Salade d'orzo et crevettes

Préparation : 15 minutes — **Cuisson :** 10 minutes — **Quantité :** 4 portions

250 ml	(1 tasse) d'orzo
1	sac de crevettes moyennes (calibre 31/40) de 350 g, cuites et décortiquées
250 ml	(1 tasse) de roquette
60 ml	(¼ de tasse) de noix de pin

Pour la vinaigrette :

80 ml	(⅓ de tasse) d'huile d'olive
15 ml	(1 c. à soupe) de vinaigre de vin rouge
10 ml	(2 c. à thé) d'origan haché
5 ml	(1 c. à thé) d'ail haché
5 ml	(1 c. à thé) de thym haché
5 ml	(1 c. à thé) de romarin haché
¼	d'oignon haché
½	tomate taillée en petits dés
	Sel et poivre au goût

—

1. Dans une casserole d'eau bouillante salée, cuire l'orzo en calculant de 1 à 2 minutes de plus que le temps indiqué sur l'emballage. Égoutter. Verser un filet d'huile d'olive et remuer.

2. Dans un saladier, mélanger les ingrédients de la vinaigrette.

3. Ajouter l'orzo et le reste des ingrédients dans le saladier. Remuer.

—

La roquette est bourrée d'antioxydants

En plus d'être délicieuse, la roquette (ou *arugula* en anglais) est un aliment santé : elle regorge d'antioxydants et est peu calorique. Son goût piquant avec une pointe d'amertume fait changement dans les salades. Lorsque ses feuilles sont plus jeunes, elle dévoile un arôme évoquant la noisette. La roquette s'harmonise à merveille avec d'autres feuilles, comme la mâche et les bébés épinards, et se marie bien au fenouil et aux agrumes. Elle se conserve quelques jours au réfrigérateur dans un sac en plastique perforé.

Salade de pâtes à l'italienne

Préparation : 20 minutes — **Cuisson** : 10 minutes — **Quantité** : de 8 à 10 portions

1	boîte de rotinis trois couleurs de 750 g
1	poivron rouge
1	oignon
2	branches de céleri
¼	de concombre anglais
12	olives noires dénoyautées
2	boules de mozzarina de 250 g chacune

Pour la vinaigrette :

125 ml	(½ tasse) d'huile d'olive
60 ml	(¼ de tasse) de basilic émincé
60 ml	(¼ de tasse) de parmesan râpé
45 ml	(3 c. à soupe) de pesto aux tomates séchées
45 ml	(3 c. à soupe) de jus de citron
30 ml	(2 c. à soupe) de vinaigre balsamique
30 ml	(2 c. à soupe) d'origan haché
	Sel et poivre au goût

—

1. Dans une casserole d'eau bouillante salée, cuire les pâtes en calculant de 1 à 2 minutes de plus que le temps indiqué sur l'emballage. Égoutter. Verser un filet d'huile d'olive et remuer.

2. Émincer le poivron, l'oignon et le céleri. Couper le concombre en dés.

3. Dans un saladier, mélanger les ingrédients de la vinaigrette.

4. Ajouter les ingrédients de la salade dans le saladier et remuer. Réserver au frais jusqu'au moment de servir.

—

La mozzarina est un fromage à découvrir

Proche parente de la mozzarella di bufala, la mozzarina est faite de lait pasteurisé. Son goût frais et doux provient du fait que ce fromage, contrairement au cheddar ou au gouda, n'est pas vieilli. Pour que la mozzarina conserve sa fraîcheur, son emballage est généralement rempli d'eau. C'est un fromage idéal à marier avec des ingrédients qui rehausseront sa saveur peu prononcée, comme l'huile d'olive, les fines herbes, les poivrons grillés et les tomates, fraîches ou séchées. Plus moelleuse que la mozzarella di bufala, la mozzarina est parfaite pour les salades et les pâtes, en plus d'être moins coûteuse. Régalez-vous !

Salade de riz au poulet, chou rouge et pacanes rôties

Préparation : 15 minutes — **Quantité :** 4 portions

¼	de chou rouge
1	oignon
500 ml	(2 tasses) de riz cuit ou 250 ml (1 tasse) de riz non cuit
375 ml	(1 ½ tasse) de poulet cuit et effiloché
80 ml	(⅓ de tasse) de pacanes coupées en morceaux

Pour la vinaigrette :

60 ml	(¼ de tasse) d'huile de canola
45 ml	(3 c. à soupe) de persil haché
30 ml	(2 c. à soupe) de basilic haché
30 ml	(2 c. à soupe) de jus de citron
30 ml	(2 c. à soupe) de miel
30 ml	(2 c. à soupe) de sauce soya
15 ml	(1 c. à soupe) de gingembre haché
10 ml	(2 c. à thé) d'ail haché
	Sel et poivre au goût

—

1. Dans un saladier, mélanger les ingrédients de la vinaigrette.

2. Émincer finement le chou rouge et l'oignon. Ajouter dans le saladier.

3. Ajouter le riz, le poulet et les pacanes dans le saladier. Remuer.

—

Salade de riz, quinoa et grenade

Préparation : 30 minutes — **Cuisson :** 20 minutes — **Quantité :** 4 portions

80 ml	(⅓ de tasse) de quinoa
80 ml	(⅓ de tasse) de mélange de riz blanc à grains longs et de riz sauvage
310 ml	(1 ¼ tasse) d'eau
½	concombre coupé en dés
180 ml	(¾ de tasse) de grains de grenade
80 ml	(⅓ de tasse) d'amandes en bâtonnets rôties
30 ml	(2 c. à soupe) de feuilles de coriandre

Pour la vinaigrette :

60 ml	(¼ de tasse) d'huile de canola
15 ml	(1 c. à soupe) de jus de lime
15 ml	(1 c. à soupe) de zestes de lime
15 ml	(1 c. à soupe) de vinaigre de riz
15 ml	(1 c. à soupe) de sauce soya
15 ml	(1 c. à soupe) de miel
10 ml	(2 c. à thé) d'ail haché
2	oignons verts hachés
1	piment thaï haché
	Sel au goût

1. Rincer le quinoa sous l'eau froide et égoutter.

2. Dans une casserole, déposer le mélange de riz. Verser l'eau et porter à ébullition. Couvrir et cuire 5 minutes.

3. Ajouter le quinoa dans la casserole et poursuivre la cuisson de 15 à 20 minutes, jusqu'à absorption complète du liquide. Transférer le riz et le quinoa dans un bol. Remuer et laisser tiédir.

4. Dans un saladier, mélanger les ingrédients de la vinaigrette.

5. Ajouter le concombre, les grains de grenade, les amandes et la coriandre dans le saladier. Remuer.

6. Une fois le mélange de riz et quinoa refroidi, déposer dans le saladier et remuer.

Taboulé aux légumes

Préparation : 15 minutes — **Quantité :** 6 portions

30 ml	(2 c. à soupe) d'huile de canola
10 ml	(2 c. à thé) de jus de citron
125 ml	(½ tasse) de couscous
1	sac de macédoine de légumes surgelés de 500 g
½	branche de céleri coupée en dés

250 ml	(1 tasse) de haricots rouges en conserve, rincés et égouttés
45 ml	(3 c. à soupe) de vinaigrette italienne du commerce ou maison (voir notre recette en page 157)
	Sel et poivre au goût
125 ml	(½ tasse) de persil haché
60 ml	(¼ de tasse) de relish

—

1. Dans un plat allant au micro-ondes, mélanger l'huile avec le jus de citron, le couscous et 125 ml (½ tasse) d'eau. Cuire 3 minutes.

2. À l'aide d'une fourchette, égrainer le couscous. Laisser tiédir.

3. Dans une casserole d'eau bouillante, faire blanchir la macédoine de légumes 1 minute. Rincer sous l'eau froide et égoutter.

4. Dans un saladier, mélanger la macédoine de légumes avec le céleri, les haricots rouges et la vinaigrette. Saler et poivrer. Ajouter le persil et la relish.

5. Ajouter le couscous dans le saladier et remuer. Servir froid.

—

Salade de tortellinis au pesto

Préparation : 15 minutes — **Cuisson :** 10 minutes — **Quantité :** 4 portions

1	paquet de tortellinis au fromage de 350 g
60 ml	(¼ de tasse) de pesto
80 ml	(⅓ de tasse) d'huile d'olive
30 ml	(2 c. à soupe) de jus de citron
	Sel et poivre au goût
½	oignon rouge émincé
500 ml	(2 tasses) de roquette
1	carotte coupée en julienne

1. Dans une casserole d'eau bouillante salée, cuire les pâtes en calculant de 1 à 2 minutes de plus que le temps indiqué sur l'emballage. Égoutter. Verser un filet d'huile d'olive et remuer.

2. Dans un saladier, mélanger le pesto avec l'huile et le jus de citron. Saler et poivrer.

3. Ajouter l'oignon rouge, la roquette, la carotte et les pâtes dans le saladier. Saler, poivrer et remuer.

Délices de la mer

Vous avez un faible pour les délices de la mer ? Régalez-vous de ces salades où crevettes, homard, saumon, goberge et thon offrent un océan de nutriments ! Gageons que vous craquerez pour leurs vinaigrettes originales et remplies de fraîcheur qui donnent illico envie de prendre le large...

Salade de crevettes nordiques, saumon fumé et poires

Préparation: 15 minutes — **Quantité:** 4 portions

¼	d'oignon rouge
2	poires
1	laitue romaine déchiquetée
225 g	(375 ml) de crevettes nordiques
1	paquet de saumon fumé de 120 g, coupé en morceaux
30 ml	(2 c. à soupe) de brins d'aneth
30 ml	(2 c. à soupe) de feuilles de coriandre
	Sel et poivre au goût

—

1. Émincer l'oignon rouge et couper les poires en fines tranches.

2. Dans un saladier, déposer les ingrédients de la salade et mélanger. Si désiré, verser la vinaigrette crémeuse à l'avocat (voir recette ci-dessous) et bien mélanger. Servir immédiatement.

—

J'aime avec...

Vinaigrette crémeuse à l'avocat

Couper ½ avocat en gros morceaux. Déposer dans le contenant du mélangeur avec 60 ml (¼ de tasse) de lait, 60 ml (¼ de tasse) de mayonnaise, 60 ml (¼ de tasse) de crème sure, 30 ml (2 c. à soupe) de jus de lime, 10 ml (2 c. à thé) d'ail haché, 10 ml (2 c. à thé) de persil haché, 10 ml (2 c. à thé) de ciboulette hachée, 5 ml (1 c. à thé) d'aneth haché, 5 ml (1 c. à thé) de sauce sriracha, 2,5 ml (½ c. à thé) de sauce Worcestershire et 2,5 ml (½ c. à thé) de paprika fumé. Réduire en purée lisse. Saler et poivrer.

Salade ensoleillée

Préparation : 15 minutes — **Quantité :** 4 portions

5 ml	(1 c. à thé) de beurre
30 ml	(2 c. à soupe) de sirop d'érable
125 ml	(½ tasse) de pacanes
2	avocats
300 g	(⅔ de lb) de goberge
2	oranges
1	contenant de bébés épinards de 142 g

Pour la vinaigrette :

45 ml	(3 c. à soupe) de mayonnaise
5 ml	(1 c. à thé) de moutarde de Dijon
5 ml	(1 c. à thé) de vinaigre balsamique
5 ml	(1 c. à thé) de miel

—

1. Dans une poêle, faire fondre le beurre à feu moyen. Incorporer le sirop d'érable et porter à ébullition quelques secondes.

2. Ajouter les pacanes et remuer pour bien les enrober du mélange de sirop d'érable. Réserver.

3. Couper les avocats en morceaux et émincer la goberge. Prélever les suprêmes des oranges en pelant d'abord l'écorce à vif, puis en tranchant de chaque côté des membranes. Presser les membranes au-dessus d'un bol afin de récupérer le jus. Déposer la goberge dans le bol et mélanger.

4. Dans un autre bol, fouetter les ingrédients de la vinaigrette.

5. Répartir les bébés épinards dans les assiettes, puis garnir d'avocats, de suprêmes d'oranges et de goberge. Verser la vinaigrette sur la salade et parsemer de pacanes caramélisées.

—

J'aime aussi... Changer pour d'autres protéines

N'hésitez pas à varier la recette avec vos protéines préférées au gré de vos envies ! Cette salade sera tout aussi savoureuse avec des morceaux de poulet, des crevettes nordiques ou du saumon, par exemple. Sa combinaison de pacanes caramélisées, d'oranges et de vinaigrette sucrée se marie à merveille avec bon nombre de protéines salées.

Salade de crevettes nordiques en fleurs de tortilla

Préparation : 25 minutes — **Cuisson :** 10 minutes — **Quantité :** 4 portions

4	grandes tortillas de 25 cm (10 po)
60 ml	(¼ de tasse) d'huile d'olive
30 ml	(2 c. à soupe) de jus de lime
30 ml	(2 c. à soupe) de coriandre hachée
½	piment jalapeño haché
	Sel au goût
1	avocat
1	poivron rouge
½	oignon rouge
16	tomates cerises
125 ml	(½ tasse) de maïs en grains
250 g	(415 ml) de crevettes nordiques

—

1. Préchauffer le four à 180 °C (350 °F).

2. Badigeonner les deux côtés des tortillas avec 15 ml (1 c. à soupe) d'huile. Déposer chacune des tortillas dans un bol allant au four de 10 cm (4 po) de diamètre et faire onduler le rebord à l'aide des doigts. Faire dorer au four de 10 à 12 minutes. Retirer du four, démouler et laisser tiédir sur une grille.

3. Dans un bol, mélanger le reste de l'huile avec le jus de lime, la coriandre et le piment jalapeño. Saler.

4. Tailler l'avocat, le poivron et l'oignon rouge en dés. Couper les tomates cerises en deux. Déposer dans le bol.

5. Incorporer le maïs et les crevettes. Répartir la salade dans les tortillas. Servir immédiatement.

—

J'aime parce que…

Un bol de salade croquant, ça fait changement !

Une salade tout en fraîcheur servie dans des coupelles de tortilla, voilà une belle idée de recette vite faite pour recevoir à l'improviste sur la terrasse. Pour façonner ces coupelles, c'est tout simple ! Il suffit de déposer une tortilla dans un bol arrondi et de mettre le tout au four. Pour éviter que les tortillas ne se détrempent, on dépose une grande feuille de laitue Boston au fond ou on les remplit de salade à la toute dernière minute.

Salade au saumon, sauce crémeuse au cari

Préparation : 20 minutes — **Quantité** : 4 portions

1	avocat
¼	d'oignon rouge
8	tranches de bacon cuites
1	laitue romaine
340 g	(¾ de lb) de saumon cuit et coupé en morceaux

Pour la sauce au cari :

80 ml	(⅓ de tasse) de yogourt nature
60 ml	(¼ de tasse) de mayonnaise
60 ml	(¼ de tasse) de parmesan râpé
45 ml	(3 c. à soupe) de persil haché
30 ml	(2 c. à soupe) de jus de citron
15 ml	(1 c. à soupe) de miel
10 ml	(2 c. à thé) de cari
	Sel et poivre au goût

—

1. Dans un saladier, fouetter les ingrédients de la sauce au cari.

2. Couper l'avocat, l'oignon rouge et le bacon en dés. Déchiqueter la laitue. Ajouter dans le saladier et remuer.

3. Répartir la salade dans les assiettes. Garnir chacune des portions de morceaux de saumon.

—

 J'aime aussi...

Avec du saumon au beurre citronné

Sur une grande feuille de papier d'aluminium, placer une feuille de papier parchemin et y déposer 340 g (¾ de lb) de filets de saumon, la peau enlevée. Couvrir le saumon avec les rondelles de 1 citron. Replier le papier d'aluminium de manière à former une papillote hermétique. Sur la grille du barbecue, déposer la papillote et fermer le couvercle. Cuire de 20 à 25 minutes à puissance moyenne-élevée. Dans une casserole, faire fondre 45 ml (3 c. à soupe) de beurre avec 15 ml (1 c. à soupe) de jus de citron et 5 ml (1 c. à thé) d'ail à feu moyen jusqu'aux premiers frémissements. Saler et poivrer. Napper le saumon du beurre citronné.

Salade de homard au pamplemousse

Préparation : 20 minutes — **Cuisson** : 10 minutes — **Quantité** : 4 portions

2	homards de 450 g (1 lb) chacun ou 250 g (environ ½ lb) de chair surgelée
80 ml	(⅓ de tasse) de pois mange-tout
	Quelques feuilles de laitue Boston
	Quelques feuilles de laitue frisée verte
	Quelques feuilles d'endives
2	tomates pelées, épépinées et coupées en dés
2	pamplemousses roses pelés à vif et coupés en quartiers
	Quelques brins de ciboulette

Pour la vinaigrette :

45 ml	(3 c. à soupe) de jus de pamplemousse
45 ml	(3 c. à soupe) d'huile d'olive
5 ml	(1 c. à thé) de moutarde de Dijon
2,5 ml	(½ c. à thé) de cerfeuil haché
2,5 ml	(½ c. à thé) d'aneth haché
1	citron (jus)
	Sel et poivre au goût

1. Dans un bol, mélanger les ingrédients de la vinaigrette. Réserver.

2. Dans une grande casserole d'eau bouillante salée, cuire les homards de 8 à 10 minutes. Égoutter. Décortiquer et trancher la queue.

3. Dans une autre casserole d'eau bouillante salée, faire blanchir les pois mange-tout de 3 à 4 minutes. Égoutter.

4. Déposer les feuilles de chaque laitue dans les assiettes, puis y disposer les pois mange-tout, les dés de tomates et les quartiers de pamplemousses.

5. Ajouter les tranches et les pinces de homard. Verser la vinaigrette sur chaque portion et garnir de ciboulette.

LE SAVIEZ-VOUS ?
—

Le homard est une mer de nutriments

Non seulement le homard est délicieux, mais il est aussi faible en gras saturés et riche en oméga-3, en plus de fournir plusieurs vitamines et minéraux (cuivre, phosphore, zinc, vitamine B, etc.). Il aurait également un effet favorable sur la santé cardiovasculaire. Le meilleur moment pour consommer le homard frais du Québec et des Maritimes ? En mai et en juin, période pendant laquelle il est pêché. On peut aussi se le procurer cuit, en conserve ou surgelé. Dans ce dernier cas, vérifiez qu'il ne présente aucune trace de glace ou de brûlure par le froid : ces signes indiquent qu'il est surgelé depuis trop longtemps.

Recette de Jean Soulard, chef

Salade de saumon, concombre et noix de pin

Préparation : 20 minutes — Marinage : 1 heure — Quantité : 4 portions

1	filet de saumon de 450 g (1 lb), la peau enlevée
150 g	(⅓ de lb) de roquette
1	gros concombre pelé, épépiné et coupé en dés
½	poivron rouge coupé en dés
125 ml	(½ tasse) de noix de pin
	Quelques feuilles de coriandre

Pour la marinade :

125 ml	(½ tasse) d'huile d'olive
15 ml	(1 c. à soupe) de coriandre hachée

1	citron (jus)
½	échalote sèche hachée
	Sel et poivre au goût

Pour la vinaigrette :

125 ml	(½ tasse) d'huile d'olive
15 ml	(1 c. à soupe) de crème à cuisson 35 %
5 ml	(1 c. à thé) de moutarde de Dijon
1	gousse d'ail hachée
½	échalote sèche hachée
	Sel et poivre au goût

—

1. Dans un bol, mélanger les ingrédients de la marinade. Couper le filet de saumon en dés et l'ajouter à la marinade. Laisser mariner 1 heure au réfrigérateur.

2. Dans un second bol, mélanger les ingrédients de la vinaigrette. Réserver.

3. Dans un dernier bol, mélanger la roquette avec le concombre, le poivron et les noix de pin. Verser la vinaigrette et remuer.

4. Répartir le mélange de légumes dans les assiettes. Égoutter le saumon et jeter la marinade. Répartir le saumon dans les assiettes. Parsemer de coriandre.

—

J'aime parce que...

Les noix de pin s'accordent avec tout !

Les noix de pin (ou « pignons ») sont les fidèles alliées du pesto au basilic, mais elles ajoutent aussi leur grain de sel dans plusieurs mets. C'est que leur goût original, en version crue ou grillée, s'accorde avec presque tout ! Et ce n'est pas tout : bonne source de protéines végétales, elles fournissent des vitamines et minéraux ainsi que de bons gras.

Recette de Jean Soulard, chef

Salade de crevettes, avocats et pamplemousses

Préparation : 15 minutes — **Quantité :** 4 portions

3 · avocats

2 pamplemousses roses

1 sac de petites crevettes (calibre 61/70) de 350 g, cuites et décortiquées

125 ml (½ tasse) de bleuets

½ oignon rouge émincé

1 contenant de pousses au choix de 100 g

Pour la vinaigrette :

60 ml (¼ de tasse) d'huile d'olive

30 ml · (2 c. à soupe) de jus de lime

30 ml (2 c. à soupe) de miel

15 ml (1 c. à soupe) de graines de pavot

Sel et poivre au goût

—

1. Dans un saladier, fouetter les ingrédients de la vinaigrette.

2. Couper les avocats en quartiers et les déposer dans le saladier. Remuer pour bien les enrober de vinaigrette.

3. Prélever les suprêmes des pamplemousses en pelant d'abord l'écorce à vif, puis en tranchant de chaque côté des membranes. Presser les membranes au-dessus du saladier afin de récupérer le jus.

4. Dans le saladier, ajouter les crevettes, les bleuets, les suprêmes de pamplemousses et l'oignon rouge. Remuer délicatement. Répartir la salade dans les assiettes et garnir de pousses.

—

LE SAVIEZ-VOUS?
—

Les bienfaits de l'avocat

Bien qu'un avocat compte pour 300 calories, il est rempli de fibres et de bons gras qui aident à réduire le taux de cholestérol. Il est aussi riche en potassium, minéral qui aide à faire baisser la pression artérielle : il en contient deux fois plus que la banane ! Petit truc pour faire mûrir l'avocat plus rapidement : déposez-le dans un sac en papier avec un autre fruit, comme une pomme ou une poire.

Salade de crabe

Préparation : 15 minutes — **Quantité :** 4 portions

¼	de chou rouge
2	carottes
180 ml	(¾ de tasse) de yogourt nature
10 ml	(2 c. à thé) de cari
45 ml	(3 c. à soupe) de ciboulette hachée
2	paquets de chair de crabe de 200 g chacun, égouttée
	Sel et poivre au goût
500 ml	(2 tasses) de bébés épinards

—

1. Émincer finement le chou et couper les carottes en julienne.

2. Dans un bol, mélanger le yogourt avec le cari et la ciboulette. Ajouter le crabe. Saler, poivrer et remuer.

3. Dans un saladier, mélanger le chou avec les carottes et les bébés épinards. Répartir dans quatre assiettes et garnir chacune des portions de la préparation au crabe.

—

Salade Waldorf aux crevettes

Préparation : 15 minutes — **Quantité :** 4 portions

2	pommes vertes
2	branches de céleri
375 ml	(1 ½ tasse) de raisins rouges
1	sac de crevettes moyennes (calibre 31/40) de 340 g, cuites et décortiquées
30 ml	(2 c. à soupe) de ciboulette hachée

Pour la vinaigrette :

80 ml	(⅓ de tasse) de noix de Grenoble hachées finement
60 ml	(¼ de tasse) de yogourt nature
60 ml	(¼ de tasse) de mayonnaise
30 ml	(2 c. à soupe) de jus de citron
10 ml	(2 c. à thé) d'estragon haché

—

1. Dans un saladier, fouetter les ingrédients de la vinaigrette.

2. Couper les pommes en dés. Émincer le céleri et couper les raisins en deux.

3. Déposer tous les ingrédients dans le saladier et remuer.

—

Salade de pommes de terre à la truite fumée

Préparation : 25 minutes — **Cuisson :** 10 minutes — **Quantité :** 4 portions

5 à 6	pommes de terre
5	feuilles de laitue frisée
1	paquet de truite fumée de 120 g

Pour la vinaigrette :

80 ml	(⅓ de tasse) d'huile d'olive
45 ml	(3 c. à soupe) de vinaigre de cidre
15 ml	(1 c. à soupe) de câpres égouttées
45 ml	(3 c. à soupe) d'échalotes sèches hachées
30 ml	(2 c. à soupe) de persil haché
45 ml	(3 c. à soupe) de sarriette hachée
	Sel et poivre au goût

—

1. Peler et couper les pommes de terre en cubes de 2,5 cm (1 po). Déposer dans une casserole. Couvrir d'eau froide, saler et porter à ébullition. Cuire de 10 à 12 minutes, jusqu'à ce que les pommes de terre soient *al dente*. Égoutter et laisser tiédir.

2. Dans un bol, fouetter l'huile avec le vinaigre de cidre. Ajouter les câpres, les échalotes, le persil et la sarriette. Saler, poivrer et remuer.

3. Déposer les pommes de terre refroidies dans un saladier. Verser la moitié de la vinaigrette. Remuer délicatement pour bien enrober les pommes de terre de vinaigrette.

4. Dans une assiette de service, disposer les feuilles de laitue. Garnir de la salade de pommes de terre et des tranches de truite fumée. Napper du reste de la vinaigrette.

—

Salade de gemellis crémeuse au thon

Préparation : 20 minutes — **Cuisson :** 10 minutes — **Quantité :** 4 portions

350 g	(environ ¾ de lb) de gemellis
1	poivron rouge
½	oignon rouge
60 ml	(¼ de tasse) de câpres égouttées
2	boîtes de thon de 120 g chacune, égoutté

Pour la vinaigrette :

60 ml	(¼ de tasse) de mayonnaise
60 ml	(¼ de tasse) de crème sure
30 ml	(2 c. à soupe) de jus de citron
30 ml	(2 c. à soupe) d'aneth haché
10 ml	(2 c. à thé) d'ail haché
	Sel et poivre au goût

—

1. Dans une casserole d'eau bouillante salée, cuire les pâtes *al dente*. Égoutter.

2. Dans un saladier, mélanger les ingrédients de la vinaigrette.

3. Couper le poivron et l'oignon rouge en dés.

4. Déposer tous les ingrédients dans le saladier. Remuer.

—

Aux saveurs du monde

Des envies d'évasion vous titillent ? La gastronomie
a l'extraordinaire pouvoir de faire voyager nos papilles !
Laissez-vous transporter à travers les continents par
ces recettes de salades savoureuses qui tirent leur
inspiration de la Grèce, de l'Italie, du Vietnam,
du Maroc et de l'Indonésie.

Salade grecque

Préparation : 20 minutes — **Quantité :** 4 portions

12	tomates cerises jaunes
12	tomates cerises rouges
1	concombre
½	oignon rouge
180 ml	(¾ de tasse) de feta
1	laitue romaine déchiquetée
	Sel et poivre au goût

—

1. Couper les tomates cerises en deux. Tailler le concombre en rondelles, puis couper chaque rondelle en deux. Émincer l'oignon rouge. Couper la feta en petits dés.

2. Dans un saladier, déposer les ingrédients de la salade. Remuer.

—

J'aime avec...

Vinaigrette méditerranéenne

Dans un bol, mélanger 80 ml (⅓ de tasse) d'huile d'olive avec 30 ml (2 c. à soupe) de vinaigre de vin rouge, 15 ml (1 c. à soupe) de vinaigre balsamique, 15 ml (1 c. à soupe) de miel, 15 ml (1 c. à soupe) de basilic haché, 15 ml (1 c. à soupe) d'origan haché et 2,5 ml (½ c. à thé) de poivre noir concassé.

Salade de poulet et vermicelles à la thaï

Préparation : 30 minutes — **Cuisson** : 10 minutes — **Quantité** : 4 portions

3	poitrines de poulet sans peau

Pour le bouillon :

1 litre	(4 tasses) de bouillon de poulet
30 ml	(2 c. à soupe) de gingembre haché
1	oignon haché
1	tige de citronnelle coupée en deux sur la longueur
1	gousse d'ail hachée

Pour la salade :

1	paquet de vermicelles de riz de 250 g
1	concombre
1	poivron rouge
1	mangue
250 ml	(1 tasse) de fèves germées
60 ml	(¼ de tasse) d'arachides rôties hachées grossièrement
45 ml	(3 c. à soupe) de coriandre hachée

Pour la vinaigrette :

60 ml	(¼ de tasse) d'huile de sésame (non grillé)
30 ml	(2 c. à soupe) de jus de lime
15 ml	(1 c. à soupe) de gingembre haché
15 ml	(1 c. à soupe) de miel
15 ml	(1 c. à soupe) de sauce soya
10 ml	(2 c. à thé) d'ail haché
2	oignons verts émincés
1	piment thaï haché finement

1. Dans une casserole, déposer les poitrines de poulet et ajouter les ingrédients du bouillon. Porter à ébullition, puis couvrir et laisser mijoter 10 minutes à feu doux. Retirer du feu et laisser reposer 10 minutes. Retirer les poitrines du bouillon et laisser tiédir sur une planche à découper. Si désiré, conserver le bouillon pour une utilisation ultérieure (soupe, sauce...).

2. Réhydrater les vermicelles de riz selon le mode de préparation indiqué sur l'emballage. Égoutter.

3. Dans un saladier, fouetter les ingrédients de la vinaigrette.

4. Couper le concombre en deux sur la longueur, puis retirer les graines à l'aide d'une cuillère. Émincer le concombre, le poivron rouge et la mangue.

5. Dans le saladier, déposer les ingrédients de la salade et remuer.

6. Émincer les poitrines de poulet ou effilocher la chair. Incorporer le poulet à la salade.

J'aime parce que... **C'est rassasiant et savoureux !**

Cette salade bien protéinée met en vedette des aliments, des fines herbes et des condiments qui se révèlent dans un parfait équilibre de saveurs ! Tantôt sucrée, tantôt salée et un brin acidulée, elle exhale des parfums exotiques qui font voyager les papilles jusqu'à l'autre bout du globe… en quelques minutes !

Gado gado

Préparation : 35 minutes — **Cuisson** : 5 minutes — **Quantité** : 4 portions

2	carottes
1	concombre
500 ml	(2 tasses) de bébés épinards
250 ml	(1 tasse) de fèves germées
250 ml	(1 tasse) de haricots verts cuits et émincés
80 ml	(⅓ de tasse) d'huile de canola
1	bloc de tofu ferme de 350 g, égoutté et coupé en cubes
4	échalotes sèches émincées
80 ml	(⅓ de tasse) d'arachides rôties

Pour la sauce au beurre d'arachide :

80 ml	(⅓ de tasse) de lait de coco
60 ml	(¼ de tasse) de beurre d'arachide croquant
30 ml	(2 c. à soupe) de jus de lime
30 ml	(2 c. à soupe) de ketjap manis (voir l'encadré ci-contre)
10 ml	(2 c. à thé) de gingembre haché
5 ml	(1 c. à thé) d'ail haché
	Sel au goût
	Piment thaï haché finement ou sambal oelek au goût

—

1. Tailler les carottes en julienne. Couper le concombre en deux sur la longueur, puis émincer chacune des moitiés.

2. Dans quatre assiettes creuses, répartir les bébés épinards. Déposer séparément les fèves germées, le concombre, les haricots verts et la julienne de carottes sur le pourtour des assiettes.

3. Dans une poêle, chauffer 45 ml (3 c. à soupe) d'huile de canola à feu moyen. Faire dorer le tofu de 3 à 4 minutes. Transférer dans une assiette.

4. Dans la même poêle, verser le reste de l'huile. Faire frire les échalotes sèches de 2 à 3 minutes en remuant fréquemment, jusqu'à ce qu'elles soient croustillantes. Laisser tiédir sur du papier absorbant.

5. Dans un bol, fouetter les ingrédients de la sauce au beurre d'arachide.

6. Répartir le tofu et les échalotes frites au centre de chacune des portions de salade. Garnir d'arachides rôties et napper de sauce au beurre d'arachide.

—

LE SAVIEZ-VOUS ?
—

Qu'est-ce que le gado gado ?

Mets populaire en Indonésie, le gado gado est une salade de légumes croquants accompagnée d'une délicieuse sauce aux arachides. Avec ses arômes aussi variés qu'envoûtants, ce plat propose un voyage aromatique unique. Le ketjap manis qu'on y ajoute est une sauce soya sucrée et sirupeuse d'origine indonésienne. Vous n'arrivez pas à en trouver ? Remplacez-le par deux parts de sauce soya mélangée à une part de cassonade, de miel ou de sucre de canne.

Salade sicilienne à l'orange

Préparation : 20 minutes — **Quantité :** 4 portions

3	oranges
500 ml	(2 tasses) de mâche
¼	de laitue romaine déchiquetée
250 ml	(1 tasse) de roquette
½	oignon rouge émincé
8 à 10	feuilles de basilic

Pour la vinaigrette :

60 ml	(¼ de tasse) d'huile d'olive
30 ml	(2 c. à soupe) de ciboulette hachée
15 ml	(1 c. à soupe) de vinaigre de cidre
	Sel et poivre au goût

—

1. Dans un bol, fouetter les ingrédients de la vinaigrette.

2. Peler les oranges à vif, puis les trancher en rondelles.

3. Dans un autre bol, mélanger la mâche avec la laitue romaine et la roquette. Déposer dans une assiette de service.

4. Garnir de rondelles d'oranges, d'oignon rouge et de feuilles de basilic. Napper de vinaigrette.

—

C'EST FACILE !
—

Peler un agrume à vif

Savourer des tranches d'orange ou de pamplemousse sans la membrane, c'est le bonheur ! Pour peler un agrume à vif, retirez d'abord les extrémités du fruit à l'aide d'un couteau bien aiguisé. Tranchez ensuite l'écorce en longeant la chair afin de retirer complètement la peau blanche. Pour obtenir des rondelles bien uniformes, prenez soin de couper en suivant la courbe du fruit.

Salade de poivrons grillés à la mozzarina

Préparation : 15 minutes — **Quantité :** 4 portions

1	boule de mozzarina de 250 g
250 ml	(1 tasse) de poivrons grillés
½	oignon rouge
750 ml	(3 tasses) de mesclun
12	olives Kalamata
	Poivre au goût

—

1. Couper la mozzarina en dés. Émincer les poivrons grillés et couper l'oignon rouge en fines rondelles.

2. Si désiré, dans un saladier, verser la moitié de la vinaigrette toscane (voir recette ci-dessous).

3. Ajouter le mesclun, les olives, l'oignon rouge, la mozzarina et les poivrons dans le saladier. Remuer.

4. Poivrer et napper avec le reste de la vinaigrette.

—

J'aime avec... Vinaigrette toscane

Dans le contenant du mélangeur, déposer 1 jaune d'œuf, 15 ml (1 c. à soupe) de moutarde de Dijon, 15 ml (1 c. à soupe) de jus de citron, 15 ml (1 c. à soupe) de pesto aux tomates séchées et 30 ml (2 c. à soupe) de persil haché. Émulsionner en versant 125 ml (½ tasse) d'huile d'olive en filet. Saler et poivrer.

Salade italienne
en coupelles de parmesan

Préparation : 25 minutes — **Quantité :** 4 portions

250 ml	(1 tasse) de parmesan râpé
60 ml	(¼ de tasse) d'huile d'olive
15 ml	(1 c. à soupe) de vinaigre balsamique
30 ml	(2 c. à soupe) de basilic haché
	Sel et poivre au goût
500 ml	(2 tasses) de roquette
4	champignons émincés
30 ml	(2 c. à soupe) de noix de pin
4	tranches de prosciutto

—

1. Préchauffer le four à 190 °C (375 °F).

2. Confectionner les coupelles de parmesan en suivant les indications présentées ci-dessous.

3. Pendant que les coupelles de parmesan tiédissent, préparer la salade. Dans un saladier, mélanger l'huile avec le vinaigre balsamique et le basilic. Saler et poivrer. Ajouter la roquette, les champignons et les noix de pin. Remuer.

4. Répartir la salade dans les coupelles de parmesan. Décorer de rosaces de prosciutto.

—

C'EST FACILE ! — Réaliser des coupelles de parmesan

1

Sur une plaque de cuisson tapissée d'une feuille de papier parchemin, étaler le parmesan râpé en quatre cercles de 15 cm (6 po).

2

Cuire au four de 8 à 10 minutes, jusqu'à ce que le pourtour des cercles commence à colorer.

3

Déposer quatre bols à l'envers sur le plan de travail. Retirer les cercles de parmesan du four et laisser tiédir 5 secondes. Décoller le premier cercle et déposer sur l'un des bols renversés. Façonner en forme de coupelle. Répéter avec les autres cercles en procédant rapidement pour ne pas que le parmesan fige. Laisser refroidir complètement avant de démouler.

Salade étagée aux wontons croustillants

Préparation : 15 minutes — **Quantité :** 4 portions (en entrée)

2	oranges
2	pamplemousses roses
60 ml	(¼ de tasse) d'huile de canola
12	feuilles de pâte à wontons, décongelées
	Sel et poivre au goût
1	petite laitue frisée verte déchiquetée
80 ml	(⅓ de tasse) de noix de cajou

Pour la vinaigrette :

60 ml	(¼ de tasse) d'huile d'olive
30 ml	(2 c. à soupe) de ciboulette hachée
15 ml	(1 c. à soupe) de jus de lime
15 ml	(1 c. à soupe) de graines de sésame
15 ml	(1 c. à soupe) de moutarde à l'ancienne
	Sel et poivre au goût

1. Dans un saladier, mélanger les ingrédients de la vinaigrette.

2. Prélever les suprêmes des oranges et des pamplemousses en pelant d'abord l'écorce à vif, puis en tranchant de chaque côté des membranes. Presser les membranes au-dessus du saladier afin d'en récupérer le jus. Déposer les suprêmes dans le saladier.

3. Dans une poêle, chauffer l'huile à feu moyen. Faire frire quelques feuilles de pâte à wontons à la fois environ 1 minute de chaque côté. Égoutter sur du papier absorbant, puis saler et poivrer les wontons frits alors qu'ils sont encore chauds.

4. Dans le saladier, ajouter la laitue frisée et les noix de cajou. Remuer.

5. Répartir le tiers de la salade dans les assiettes et couvrir chacune des portions d'un wonton frit. Répéter afin de former deux autres étages.

LE SAVIEZ-VOUS ?

Les possibilités infinies de la pâte à wontons

Présentée sous forme de petits carrés de pâte mince à base de farine de blé, la pâte à wontons prête à utiliser est offerte au rayon des produits surgelés des supermarchés. Traditionnellement utilisée pour faire des raviolis chinois, elle fait des merveilles pour une tonne d'autres recettes, puisqu'elle peut autant être bouillie que frite. Lorsqu'elle est frite, son petit côté croustillant s'avère très intéressant dans une salade. Laissez libre cours à votre imagination !

Salade tiède de quinoa et de poulet au cari

Préparation : 20 minutes — **Cuisson :** 20 minutes — **Quantité :** 4 portions

Pour la vinaigrette :

60 ml	(¼ de tasse) d'huile d'olive
30 ml	(2 c. à soupe) de cari
30 ml	(2 c. à soupe) de vinaigre de riz
30 ml	(2 c. à soupe) de jus de citron

Pour la salade tiède :

15 ml	(1 c. à soupe) d'huile d'olive
250 ml	(1 tasse) de quinoa
500 ml	(2 tasses) d'eau
	Sel au goût

340 g	(¾ de lb) de poitrines de poulet sans peau coupées en dés
1	petit poivron rouge coupé en dés
1	branche de céleri coupée en dés
80 ml	(⅓ de tasse) de raisins de Corinthe
60 ml	(¼ de tasse) de noix de Grenoble
1	oignon vert haché
	Persil haché au goût
	Sel et poivre au goût

—

1. Dans un bol, mélanger les ingrédients de la vinaigrette. Réserver.

2. Dans une casserole, chauffer 7,5 ml (½ c. à soupe) d'huile à feu moyen. Verser le quinoa et bien l'enrober d'huile. Ajouter l'eau et le sel, puis porter à ébullition. Réduire le feu, couvrir et laisser mijoter de 15 à 20 minutes à feu doux, jusqu'à ce que le quinoa soit translucide.

3. Retirer du feu. Couvrir et laisser reposer 10 minutes. Égrainer le quinoa à la fourchette.

4. Dans une poêle, chauffer le reste de l'huile à feu moyen. Faire dorer les dés de poulet 5 minutes, jusqu'à ce que l'intérieur de la chair ait perdu sa teinte rosée.

5. Ajouter les dés de poivron et de céleri dans la poêle. Faire sauter les légumes quelques minutes pour les réchauffer.

6. Ajouter le quinoa et le reste des ingrédients. Verser la vinaigrette et bien mélanger. Rectifier l'assaisonnement au besoin. Ce plat peut être servi chaud, tiède ou froid.

—

Recette de Ève Godin, nutritionniste

Salade de chou à la vietnamienne

Préparation : 20 minutes — **Quantité :** 4 portions

¼	de chou chinois
3	oignons verts
1	carotte
½	concombre anglais
30 ml	(2 c. à soupe) de feuilles de menthe
80 ml	(⅓ de tasse) d'arachides rôties

Pour la vinaigrette :

15 ml	(1 c. à soupe) de miel
30 ml	(2 c. à soupe) de jus de lime
60 ml	(¼ de tasse) d'huile de sésame (non grillé)
30 ml	(2 c. à soupe) de coriandre hachée
15 ml	(1 c. à soupe) de sauce de poisson
15 ml	(1 c. à soupe) de gingembre haché
1	piment thaï haché finement
	Sel au goût

—

1. Dans un saladier, délayer le miel dans le jus de lime. Ajouter le reste des ingrédients de la vinaigrette et remuer.

2. Émincer le chou chinois et les oignons verts. Couper la carotte et le concombre en julienne.

3. Déposer tous les ingrédients dans le saladier et remuer.

—

Salade de carottes à la marocaine

Préparation : 20 minutes — **Quantité :** 4 portions

6 à 8	carottes
80 ml	(⅓ de tasse) de raisins secs sultana
30 ml	(2 c. à soupe) de graines de sésame
1	oignon haché

Pour la vinaigrette :

60 ml	(¼ de tasse) d'huile d'olive
30 ml	(2 c. à soupe) de menthe hachée
30 ml	(2 c. à soupe) de coriandre hachée
15 ml	(1 c. à soupe) de jus de citron
15 ml	(1 c. à soupe) de zestes de citron
5 ml	(1 c. à thé) de harissa
1,25 ml	(¼ de c. à thé) de cumin
1,25 ml	(¼ de c. à thé) de cannelle

—

1. Dans un saladier, fouetter les ingrédients de la vinaigrette.

2. Tailler les carottes en fine julienne ou les râper.

3. Déposer dans le saladier avec le reste des ingrédients. Remuer.

—

Salade de couscous israélien au poulet

Préparation : 15 minutes — **Cuisson** : 12 minutes — **Quantité** : 4 portions

Pour le couscous :

10 ml	(2 c. à thé) d'huile d'olive
375 ml	(1 ½ tasse) de couscous israélien
750 ml	(3 tasses) de bouillon de poulet

Pour la vinaigrette :

30 ml	(2 c. à soupe) d'huile d'olive
10 ml	(2 c. à thé) de vinaigre de vin
1	lime (jus)

Pour la salade :

500 ml	(2 tasses) de poulet cuit haché grossièrement
20	olives noires hachées
2	oranges taillées en suprêmes
	Quelques feuilles de coriandre hachées
	Quelques feuilles de persil hachées
	Sel et poivre au goût

—

1. Dans une casserole, chauffer l'huile à feu moyen. Ajouter le couscous et cuire de 3 à 5 minutes en remuant de temps en temps, jusqu'à ce qu'il commence à brunir légèrement et à dégager un arôme.

2. Verser le bouillon de poulet et porter à ébullition. Couvrir et laisser mijoter de 8 à 10 minutes à feu doux, jusqu'à ce que le liquide soit complètement évaporé.

3. Transférer le couscous dans un saladier et laisser tiédir.

4. Dans un petit bol, mélanger les ingrédients de la vinaigrette.

5. Dans le saladier, ajouter les ingrédients de la salade. Verser la vinaigrette et remuer.

—

Recette de Ève Godin, nutritionniste

Salade mexicaine au poulet

Préparation : 10 minutes — **Quantité :** 4 portions

1	laitue Boston déchiquetée
750 ml	(3 tasses) de croustilles de maïs écrasées
500 ml	(2 tasses) de poulet cuit coupé en dés
1	boîte de haricots rouges de 398 ml, rincés et égouttés
180 ml	(¾ de tasse) de vinaigrette ranch du commerce (ou voir recette en page 160)
125 ml	(½ tasse) de cheddar râpé
	Olives noires au goût
	Tomates cerises au goût

—

1. Dans un bol, déposer la laitue, les croustilles de maïs, le poulet, les haricots rouges, la vinaigrette ranch et le cheddar. Bien mélanger.

2. Répartir la salade dans les assiettes. Garnir d'olives et de tomates cerises.

—

Recette de Mario Ballard

Salade asiatique au canard confit

Préparation : 35 minutes — **Quantité :** 4 portions

2	cuisses de canard confit
1	poivron rouge
1	poivron vert
½	oignon rouge
1	carotte
375 ml	(1 ½ tasse) d'épinards
375 ml	(1 ½ tasse) de mesclun
250 ml	(1 tasse) de fèves germées
60 ml	(¼ de tasse) de noix de cajou salées
15 ml	(1 c. à soupe) de graines de sésame
250 ml	(1 tasse) de nouilles frites

Pour la vinaigrette :

60 ml	(¼ de tasse) d'huile de canola
30 ml	(2 c. à soupe) de sauce soya
30 ml	(2 c. à soupe) de jus de lime
15 ml	(1 c. à soupe) de gingembre haché
15 ml	(1 c. à soupe) de sucre
10 ml	(2 c. à thé) de sauce de poisson
5 ml	(1 c. à thé) d'huile de sésame (grillé)
1	gousse d'ail hachée
	Poivre au goût

1. Dans un saladier, mélanger les ingrédients de la vinaigrette.

2. Déposer les cuisses de canard dans une assiette. Réchauffer au micro-ondes de 2 à 3 minutes à intensité maximale. Laisser tiédir. Retirer la peau des cuisses et effilocher la chair.

3. Émincer les poivrons et l'oignon rouge. Tailler la carotte en julienne ou la râper. Déposer tous les légumes dans le saladier et remuer.

4. Répartir la salade dans les assiettes. Garnir de canard effiloché, de noix de cajou, de graines de sésame et de nouilles frites.

Sucré-salé

Saviez-vous que les salades se prêtent à merveille au délicieux mariage sucré-salé ? Il suffit de combiner une viande, un fruit de mer ou un poisson à un fruit frais pour le réaliser ! Et quand les vinaigrettes se mettent elles aussi de la partie, impossible d'y résister !

Salade de poulet, ananas et bleuets

Préparation : 30 minutes — **Marinage** : 2 heures — **Cuisson** : 12 minutes — **Quantité** : 4 portions

2	poitrines de poulet sans peau de 250 g (environ ½ lb) chacune
15 ml	(1 c. à soupe) d'huile d'olive
250 ml	(1 tasse) d'ananas taillé en cubes de 2 cm (¾ de po)
125 ml	(½ tasse) de bleuets
½	oignon rouge émincé
500 ml	(2 tasses) de bébés épinards
½	laitue frisée verte déchiquetée
	Sel et poivre au goût
80 ml	(⅓ de tasse) de pacanes
125 g	(environ ¼ de lb) de fromage de chèvre émietté

—

1. Si désiré, dans un bol, mélanger les ingrédients de la vinaigrette agrumes et miel (voir recette ci-dessous). Réserver la moitié de la vinaigrette. Verser le reste dans un plat peu profond. Ajouter les poitrines de poulet dans le plat et couvrir. Laisser mariner de 2 à 4 heures au frais.

2. Au moment de la cuisson, égoutter le poulet et jeter la marinade. Dans une grande poêle, chauffer l'huile à feu moyen. Cuire les poitrines de 6 à 8 minutes de chaque côté, jusqu'à ce que l'intérieur de la chair du poulet ait perdu sa teinte rosée. Laisser tiédir, puis émincer.

3. Dans un saladier, verser la vinaigrette réservée. Ajouter le poulet, les ananas, les bleuets, l'oignon rouge, les bébés épinards et la laitue. Mélanger. Saler et poivrer.

4. Au moment de servir, garnir de pacanes et de fromage de chèvre.

—

J'aime avec...

Vinaigrette agrumes et miel

Dans un bol, mélanger 80 ml (⅓ de tasse) d'huile d'olive avec 45 ml (3 c. à soupe) de jus d'orange, 15 ml (1 c. à soupe) de jus de lime, 10 ml (2 c. à thé) de zestes de lime, 30 ml (2 c. à soupe) de miel et 15 ml (1 c. à soupe) de sarriette hachée. Saler.

Salade de mâche, feta et petits fruits

Préparation : 20 minutes — **Quantité :** 4 portions

4	radis
8	fraises
250 ml	(1 tasse) de mesclun
500 ml	(2 tasses) de mâche
250 ml	(1 tasse) de bleuets
150 g	(⅓ de lb) de feta émiettée
125 ml	(½ tasse) d'amandes tranchées rôties au miel (de type Wonderful Almond Accents)

Pour la vinaigrette :

80 ml	(⅓ de tasse) d'huile d'olive
45 ml	(3 c. à soupe) de ciboulette hachée
30 ml	(2 c. à soupe) de vinaigre de cidre
30 ml	(2 c. à soupe) de persil haché
5 ml	(1 c. à thé) d'ail haché
	Sel et poivre au goût

—

1. Dans un saladier, mélanger les ingrédients de la vinaigrette.

2. À l'aide d'une mandoline, émincer finement les radis. Couper les fraises en quartiers.

3. Dans le saladier, ajouter le mesclun, la mâche, les radis et les fruits. Remuer.

4. Répartir dans les assiettes. Garnir de feta et d'amandes.

—

LE SAVIEZ-VOUS ?
—

Qu'est-ce que la mâche ?

La mâche est cultivée et consommée comme une laitue, mais n'en est pourtant pas une. Elle fait plutôt partie de la famille de la valériane. Ses feuilles tendres au goût fin sont peu caloriques et sont une bonne source de vitamines A et C, de fer et de potassium. Elles fournissent également du cuivre, du zinc, de l'acide folique, du magnésium et du phosphore. Plutôt fragile, la mâche se conserve environ deux jours au réfrigérateur. Ce bouquet vitaminé peut aussi être servi simplement avec du saumon fumé, des noix et un filet d'huile d'olive. À intégrer plus souvent dans votre assiette !

Salade de poulet coco-panko

Préparation : 25 minutes — **Cuisson :** 12 minutes — **Quantité :** 4 portions

Pour le poulet coco-panko :

80 ml	(⅓ de tasse) de farine
2	œufs
250 ml	(1 tasse) de chapelure panko
125 ml	(½ tasse) de noix de coco non sucrée râpée
	Sel et poivre au goût
4	poitrines de poulet sans peau
80 ml	(⅓ de tasse) d'huile de canola

Pour la salade :

1	carotte émincée finement
250 ml	(1 tasse) de fèves germées
500 ml	(2 tasses) de mesclun

Pour la vinaigrette :

45 ml	(3 c. à soupe) d'huile de canola
30 ml	(2 c. à soupe) de vinaigre de riz
30 ml	(2 c. à soupe) de sauce soya
30 ml	(2 c. à soupe) de mirin
15 ml	(1 c. à soupe) de pâte de wasabi
15 ml	(1 c. à soupe) de gingembre haché
10 ml	(2 c. à thé) d'ail haché
2	oignons verts hachés

—

1. Dans un saladier, fouetter les ingrédients de la vinaigrette.

2. Préparer trois assiettes creuses. Dans la première, verser la farine. Dans la deuxième, battre les œufs. Dans la troisième, mélanger la chapelure panko avec la noix de coco, le sel et le poivre. Fariner les poitrines, puis les secouer pour enlever l'excédent. Tremper les poitrines dans les œufs battus, puis les enrober de chapelure.

3. Dans une poêle, chauffer l'huile à feu moyen. Cuire les poitrines de 12 à 15 minutes, jusqu'à ce que l'intérieur de la chair du poulet ait perdu sa teinte rosée, en retournant les poitrines plusieurs fois en cours de cuisson. Déposer les poitrines sur une planche à découper, laisser tiédir puis émincer.

4. Dans le saladier, ajouter les ingrédients de la salade et remuer. Répartir la salade dans les assiettes et garnir de poulet émincé.

—

C'est un parfait équilibre de saveurs et de textures

Vous serez charmé par cette salade d'inspiration asiatique ! Avec son enrobage de chapelure panko à la noix de coco, le poulet devient un véritable délice ! Composée de gros flocons de pain blanc, cette chapelure d'origine japonaise crée des enrobages ultracroustillants. Quant à la vinaigrette, ses arômes exotiques sont rehaussés par l'ajout du wasabi, qui offre un goût piquant.

Salade aux pommes caramélisées et cheddar

Préparation : 15 minutes — **Cuisson :** 4 minutes — **Quantité :** 4 portions

30 ml	(2 c. à soupe) de beurre
2	pommes vertes coupées en petits quartiers
15 ml	(1 c. à soupe) de sucre
	Sel au goût
1	contenant de micro-pousses (de type Vertigo Saveurs de Méditerranée) de 30 g
500 ml	(2 tasses) de roquette
160 ml	(⅔ de tasse) de cheddar émietté
125 ml	(½ tasse) de noix de Grenoble hachées
80 ml	(⅓ de tasse) de vinaigrette érable et balsamique du commerce (ou voir recette en page 158)

—

1. Dans une poêle, faire fondre le beurre à feu moyen-élevé. Ajouter les pommes et saupoudrer de sucre. Saler. Faire caraméliser les pommes de 2 à 3 minutes de chaque côté. Retirer du feu et laisser tiédir.

2. Dans un saladier, mélanger les pommes avec les micropousses, la roquette, le fromage et les noix de Grenoble. Verser la vinaigrette et remuer.

—

J'aime parce que...

Pomme et fromage : un mariage parfait !

Quoi de mieux qu'une bonne pomme accompagnée de morceaux de fromage pour la collation d'après-midi ? Ce mariage parfait, tant son goût que pour son apport en glucides et en protéines, se retrouve dans cette délicieuse salade. Escortées à merveille par les noix de Grenoble et les micropousses, les pommes caramélisées apportent un petit « oumpf » supplémentaire. Un coup de cœur assuré !

Salade Lady Marmelade

Préparation : 25 minutes — **Cuisson :** 15 minutes — **Quantité :** 4 portions

80 ml	(⅓ de tasse) de marmelade
15 ml	(1 c. à soupe) d'huile d'olive
4	poitrines de poulet sans peau
1	fenouil
10	radis
2	pommes vertes
60 ml	(¼ de tasse) d'amandes en bâtonnets rôties

—

1. Préchauffer le four à 190 °C (375 °F).

2. Dans un bol, mélanger la marmelade avec l'huile.

3. Déposer les poitrines sur une plaque de cuisson tapissée d'une feuille de papier d'aluminium. Napper les poitrines de marmelade.

4. Cuire au four 12 minutes, puis régler le four à la position « gril » (*broil*) et poursuivre la cuisson 3 minutes. Laisser tiédir les poitrines sur une planche à découper.

5. Parer le fenouil en retirant d'abord une mince tranche à la base du bulbe, puis en taillant les tiges à environ 5 cm (2 po) du bulbe.

6. Émincer le fenouil et les radis à l'aide d'une mandoline. Couper les pommes en dés. Déposer les légumes et les pommes dans un saladier. Remuer.

7. Répartir la salade dans les assiettes. Émincer les poitrines et les déposer sur la salade. Parsemer d'amandes.

—

J'aime avec...

Vinaigrette crémeuse cari, lime et miel

Dans un bol, mélanger 60 ml (¼ de tasse) de yogourt nature avec 60 ml (¼ de tasse) de mayonnaise, 45 ml (3 c. à soupe) de ciboulette hachée, 45 ml (3 c. à soupe) de lait, 30 ml (2 c. à soupe) de jus de lime, 15 ml (1 c. à soupe) de zestes de lime, 15 ml (1 c. à soupe) de miel et 10 ml (2 c. à thé) de cari. Saler et poivrer.

Salade de halloumi grillé aux pommes et pacanes caramélisées

Préparation : 30 minutes — **Cuisson :** 12 minutes — **Quantité :** 4 portions

Pour les pacanes caramélisées :

250 ml	(1 tasse) de pacanes
60 ml	(¼ de tasse) de sirop d'érable
2,5 ml	(½ c. à thé) de piment d'Espelette
5 ml	(1 c. à thé) de fleur de sel

Pour la vinaigrette :

60 ml	(¼ de tasse) d'huile d'olive
30 ml	(2 c. à soupe) de sirop d'érable
15 ml	(1 c. à soupe) de jus de lime
15 ml	(1 c. à soupe) d'estragon haché
10 ml	(2 c. à thé) de moutarde de Dijon
5 ml	(1 c. à thé) d'ail haché

Pour la salade :

1	pomme
1	carotte
6	radis
500 ml	(2 tasses) de mesclun
1	paquet de fromage halloumi (de type Doré-Mi) de 250 g
15 ml	(1 c. à soupe) d'huile d'olive

—

1. Préchauffer le four à 180 °C (350 °F).

2. Dans un bol, mélanger les pacanes avec le sirop d'érable et le piment d'Espelette, en prenant soin de bien enrober les pacanes. Déposer sur une plaque de cuisson tapissée d'une feuille de papier parchemin et saupoudrer de fleur de sel. Faire caraméliser au four de 12 à 15 minutes. Retirer du four et laisser tiédir.

3. Dans un saladier, mélanger les ingrédients de la vinaigrette.

4. Tailler la pomme, la carotte et les radis en julienne. Déposer dans le saladier avec le mesclun. Remuer.

5. Couper le fromage en quatre tranches. Dans une poêle, chauffer l'huile à feu moyen. Griller les tranches de fromage 1 minute de chaque côté. Recouper les tranches en morceaux.

6. Répartir la salade dans les assiettes. Garnir chacune des portions de morceaux de halloumi et de pacanes caramélisées.

—

LE SAVIEZ-VOUS ?
—

Qu'est-ce que le fromage halloumi ?

Le halloumi est un fromage non affiné qui a la particularité de conserver sa forme et de ne pas fondre lorsqu'on le cuit. Cru, il présente une texture élastique, alors que cuit, il fond dans la bouche. Puisqu'il est très salé, on recommande de le laisser tremper dans l'eau quelques heures avant de le cuire. Que ce soit en brochette, poêlé ou cuit sur le barbecue, vous en raffolerez !

Salade de poulet à la californienne

Préparation : 25 minutes — **Marinage :** 30 minutes — **Cuisson :** 12 minutes — **Quantité :** 4 portions

4	poitrines de poulet sans peau
15 ml	(1 c. à soupe) d'huile d'olive
1	orange
½	pamplemousse
1	laitue frisée verte
½	oignon rouge émincé
12	tomates cerises coupées en deux
60 ml	(¼ de tasse) d'amandes effilées

Pour la vinaigrette :

80 ml	(⅓ de tasse) d'huile d'olive
45 ml	(3 c. à soupe) de jus de citron
30 ml	(2 c. à soupe) de persil haché
30 ml	(2 c. à soupe) d'aneth haché
15 ml	(1 c. à soupe) d'ail haché
15 ml	(1 c. à soupe) de zestes de citron
15 ml	(1 c. à soupe) de miel
	Sel et poivre au goût

—

1. Dans un bol, mélanger les ingrédients de la vinaigrette.

2. Dans un contenant hermétique, verser la moitié de la préparation et réserver au frais.

3. Verser le reste de la préparation dans un sac hermétique. Ajouter les poitrines de poulet et laisser mariner au frais de 30 à 60 minutes.

4. Au moment de la cuisson, égoutter les poitrines et jeter la marinade.

5. Dans une poêle, chauffer l'huile à feu moyen. Cuire les poitrines 12 minutes, en les retournant quelques fois en cours de cuisson, jusqu'à ce que l'intérieur de la chair du poulet ait perdu sa teinte rosée. Retirer du feu. Laisser tiédir, puis émincer les poitrines.

6. Prélever les suprêmes d'orange et de pamplemousse en coupant d'abord l'écorce à vif, puis en tranchant de chaque côté des membranes. Tailler les suprêmes d'agrumes en morceaux.

7. Répartir la laitue, l'oignon rouge, les tomates cerises, les amandes et les morceaux d'orange et de pamplemousse dans les assiettes. Garnir de tranches de poulet et napper avec la vinaigrette réservée.

—

J'aime parce que...

Les agrumes ajoutent de la fraîcheur

Mélangés à la verdure, aux légumes ainsi qu'au poulet, les suprêmes et les zestes d'agrumes ajoutent une belle pointe de saveur sucrée et acidulée. Un accord parfait pour créer de la fraîcheur dans cette salade estivale ! Quant à la vinaigrette, elle révèle de subtils parfums d'aneth qui accentuent merveilleusement le goût des agrumes.

Salade de saumon à l'érable et mangue

Préparation : 20 minutes — **Quantité :** 4 portions

Pour la vinaigrette :

60 ml	(¼ de tasse) d'huile d'olive
60 ml	(¼ de tasse) de sirop d'érable
30 ml	(2 c. à soupe) de vinaigre de xérès
30 ml	(2 c. à soupe) de ciboulette hachée
30 ml	(2 c. à soupe) d'échalotes sèches hachées
15 ml	(1 c. à soupe) de zestes de citron
	Sel et poivre au goût

Pour la salade :

660 ml	(2 ⅔ tasses) de saumon cuit et émietté
750 ml	(3 tasses) de bébés épinards
125 ml	(½ tasse) de pacanes
1	mangue émincée
½	oignon rouge émincé finement

—

1. Dans un saladier, mélanger les ingrédients de la vinaigrette.

2. Ajouter les ingrédients de la salade et remuer.

—

Salade colorée de betteraves et carottes

Préparation : 30 minutes — **Quantité :** 4 portions

30 ml	(2 c. à soupe) de graines de citrouille
30 ml	(2 c. à soupe) de graines de tournesol
2	carottes
3	betteraves moyennes
½	oignon rouge
250 ml	(1 tasse) de bébés épinards émincés
5 ml	(1 c. à thé) de graines de cumin
125 ml	(½ tasse) de grains de grenade (facultatif)

Pour la vinaigrette :

60 ml	(¼ de tasse) d'huile d'olive
30 ml	(2 c. à soupe) de jus de grenade
30 ml	(2 c. à soupe) de persil haché
30 ml	(2 c. à soupe) de menthe hachée
15 ml	(1 c. à soupe) de miel
	Sel et poivre au goût

—

1. Chauffer une poêle à feu moyen. Faire dorer à sec les graines de citrouille et de tournesol de 2 à 3 minutes, jusqu'à ce qu'elles dégagent une odeur grillée. Retirer du four et laisser tiédir.

2. Dans un saladier, mélanger les ingrédients de la vinaigrette.

3. Râper ou tailler en julienne les carottes et les betteraves. Émincer l'oignon rouge.

4. Déposer les légumes dans le saladier avec les bébés épinards, les graines de cumin et, si désiré, les grains de grenade. Remuer.

5. Parsemer de graines de citrouille et de graines de tournesol grillées.

—

Salade de prosciutto, mangue et amandes

Préparation : 15 minutes — **Quantité :** 4 portions

2	mangues
500 ml	(2 tasses) de mesclun
80 ml	(⅓ de tasse) d'amandes ou de pistaches
125 ml	(½ tasse) de canneberges séchées
12	tranches de prosciutto

Pour la vinaigrette :

60 ml	(¼ de tasse) d'huile d'olive
60 ml	(¼ de tasse) de jus de mangue surgelé, décongelé et non dilué
30 ml	(2 c. à soupe) de jus de lime
	Sel et poivre au goût

—

1. Dans un saladier, fouetter les ingrédients de la vinaigrette.

2. Peler et couper les mangues en quartiers.

3. Déposer tous les ingrédients dans le saladier, à l'exception du prosciutto. Remuer.

4. Répartir la salade dans les assiettes et décorer chaque portion de tranches de prosciutto roulées en rosaces.

—

Salade de pâtes au chou rouge et pommes

Préparation : 15 minutes — **Cuisson :** 10 minutes — **Quantité :** 4 portions

½	paquet de gemellis de 500 g
30 ml	(2 c. à soupe) de vinaigre de cidre
60 ml	(¼ de tasse) d'huile d'olive
30 ml	(2 c. à soupe) de miel
8	tranches de bacon précuit coupées en morceaux
1	pomme coupée en dés
375 ml	(1 ½ tasse) de chou rouge émincé
30 ml	(2 c. à soupe) de ciboulette hachée
	Sel et poivre au goût

—

1. Dans une casserole d'eau bouillante salée, cuire les pâtes *al dente*. Égoutter et refroidir sous l'eau froide. Égoutter de nouveau.

2. Dans un saladier, fouetter le vinaigre de cidre avec l'huile et le miel.

3. Ajouter les pâtes, le bacon, les dés de pomme, le chou rouge et la ciboulette dans le saladier. Saler, poivrer et remuer.

—

Fabuleuses découvertes

Pourquoi toujours composer vos salades des mêmes ingrédients alors qu'une immense variété est offerte au supermarché? Osez intégrer la bette à carde, le fenouil, les têtes de violon, le melon d'eau et même le popcorn à vos assiettes grâce à ces recettes originales! Ouste, la monotonie! Bonjour les découvertes!

Salade de bettes à carde et poire

Préparation : 15 minutes — **Quantité :** 4 portions

1	botte de bettes à carde arc-en-ciel ou vertes, les tiges retirées
½	oignon rouge
1	poire Bosc
30 ml	(2 c. à soupe) de jus de citron
2	clémentines (jus)
10 ml	(2 c. à thé) de vinaigre de cidre
15 ml	(1 c. à soupe) d'huile d'olive
	Quelques feuilles de persil plat hachées
	Sel et poivre au goût

—

1. Tailler les feuilles de bettes à carde en fines lanières et hacher l'oignon rouge. Déposer dans un saladier.

2. Émincer finement la poire et déposer dans un bol. Verser le jus de citron sur les tranches.

3. Dans un petit bol, fouetter le jus des clémentines avec le vinaigre de cidre et l'huile d'olive.

4. Dans le saladier, ajouter les tranches de poire, le jus de citron, la vinaigrette et le persil. Saler, poivrer et remuer.

—

LE SAVIEZ-VOUS ?

—

Les multiples bienfaits de la bette à carde

Récoltée de la mi-juin à la mi-octobre, la bette à carde est faible en calories et en glucides. Bonne source de fibres alimentaires, elle regorge aussi de vitamines et de minéraux ; c'est entre autres une excellente source de vitamines A et K ainsi que de fer et de magnésium. On peut aussi bien consommer les tiges que les feuilles, qu'elles soient crues ou cuites. La bette à carde est délicieuse en salade, avec des pâtes ou comme garniture dans un sandwich.

Recette de Ève Godin, nutritionniste

Salade de tomates, melon d'eau et feta

Préparation : 20 minutes — **Quantité :** 4 portions

¼ de melon d'eau

20 tomates cerises jaunes

30 ml (2 c. à soupe) de menthe hachée

1 contenant de feta de 200 g, émiettée

½ oignon rouge émincé

1 contenant de pousses au choix de 100 g

Pour la vinaigrette :

60 ml (¼ de tasse) d'huile d'olive

60 ml (¼ de tasse) d'échalotes sèches hachées

30 ml (2 c. à soupe) de vinaigre de riz

15 ml (1 c. à soupe) de persil haché

Sel et poivre au goût

—

1. Dans un saladier, mélanger les ingrédients de la vinaigrette.

2. Tailler le melon d'eau en petits cubes et couper les tomates cerises en quatre. Déposer dans le saladier. Ajouter la menthe et remuer.

3. Répartir la salade dans les assiettes. Garnir chacune des portions de feta, d'oignon rouge et de pousses.

—

J'aime parce que...

Le melon d'eau, c'est toujours bon !

Composé de 92 % d'eau, le melon d'eau est reconnu pour ses propriétés désaltérantes. Juteuse à souhait et peu calorique, sa chair naturellement sucrée a une teneur élevée en lycopène (antioxydant). Selon la variété, une portion de 125 ml (½ tasse) de melon d'eau contient de 3,5 mg à 8 mg de ce bouclier anti-cancer. Pour déguster ce melon autrement, intégrez-le dans les salades ou transformez-le en smoothie aromatisé de citron et de menthe. Autre idée : congelé en petites boules, il fera de rafraîchissants bonbons.

Salade de papaye verte

Préparation : 25 minutes — **Quantité** : 4 portions

Pour la salade :

12	petits haricots verts coupés en deux
½	papaye verte
1	carotte
½	concombre anglais
8	tomates cerises
1	piment thaï
125 ml	(½ tasse) de fèves germées
60 ml	(¼ de tasse) d'arachides hachées
30 ml	(2 c. à soupe) de basilic thaï haché
30 ml	(2 c. à soupe) de feuilles de coriandre
	Sel au goût

Pour la vinaigrette :

60 ml	(¼ de tasse) de jus de lime
30 ml	(2 c. à soupe) de sauce de poisson
30 ml	(2 c. à soupe) d'huile de canola
15 ml	(1 c. à soupe) d'ail haché
15 ml	(1 c. à soupe) de miel
5 ml	(1 c. à thé) d'huile de sésame grillé

—

1. Dans une casserole d'eau bouillante salée, cuire les haricots de 3 à 4 minutes. Égoutter et refroidir sous l'eau froide.

2. Éplucher la papaye et retirer les graines. Couper en julienne la papaye, la carotte et le concombre anglais. Couper les tomates cerises en deux. Hacher finement le piment thaï.

3. Dans un saladier, mélanger les ingrédients de la vinaigrette.

4. Ajouter les légumes, les arachides et les fines herbes. Saler et remuer.

—

LE SAVIEZ-VOUS ?
—

Qu'est-ce que la papaye verte ?

La papaye verte est une papaye qui n'est pas encore parvenue à maturité. Avec sa chair blanche et dure, elle s'incorpore dans les plats salés, contrairement à la papaye mûre qui, elle, se mélange aux mets sucrés. La papaye est un fruit rempli d'antioxydants, mais pour bénéficier au maximum de ses bienfaits, il est préférable de la consommer bien mûre. La papaye est aussi une excellente source de vitamine C. Osez varier les façons d'apprêter cette salade rafraîchissante en y ajoutant des crevettes ou du poulet grillé.

Salade tex-mex au popcorn

Préparation : 25 minutes — **Quantité** : 4 portions

Pour le popcorn :

80 ml	(⅓ de tasse) de maïs à éclater
15 ml	(1 c. à soupe) d'huile d'olive
10 ml	(2 c. à thé) d'assaison-nements tex-mex

Pour la salade :

3	tomates italiennes
½	poivron rouge
½	poivron jaune
2	avocats
1	laitue Boston
12 à 16	olives noires
250 ml	(1 tasse) de maïs en grains
250 ml	(1 tasse) de mélange de fromages râpés de type tex-mex
½	oignon rouge coupé en dés

Pour la vinaigrette :

60 ml	(¼ de tasse) d'huile d'olive
30 ml	(2 c. à soupe) de coriandre hachée
30 ml	(2 c. à soupe) de jus de lime
15 ml	(1 c. à soupe) de zestes de lime
15 ml	(1 c. à soupe) de jalapeños hachés
15 ml	(1 c. à soupe) d'épices tex-mex
1,25 ml	(¼ de c. à thé) de cumin
	Sel au goût

—

1. Dans un grand bol allant au micro-ondes d'une capacité minimale de 1,5 litre (6 tasses), déposer le maïs à éclater. Couvrir d'une feuille de papier parchemin et la maintenir en place à l'aide d'un élastique. Percer quelques trous dans le papier parchemin. Cuire au micro-ondes environ 3 minutes avec la fonction « popcorn » ou à puissance maximale, jusqu'à ce qu'un délai d'environ 2 secondes s'écoule entre chaque éclatement. Retirer du four et laisser tiédir 5 minutes avant de retirer le papier parchemin. Incorporer l'huile d'olive et les assaisonnements tex-mex.

2. Dans un bol, mélanger les ingrédients de la vinaigrette.

3. Émincer les tomates, les poivrons et les avocats.

4. Déposer quelques feuilles de laitue Boston dans chacune des assiettes. Déposer séparément les tomates, les olives, les avocats, les poivrons et le maïs en grains sur le pourtour des assiettes. Répartir le fromage râpé au centre de chacune des portions. Garnir de dés d'oignon rouge et de maïs soufflé. Servir avec la vinaigrette.

—

C'est un coup de cœur assuré

Le maïs soufflé est enfin sorti des salles de cinéma ! Suivez la tendance et parsemez vos soupes et salades de ces grains croquants, qui font un délicieux substitut aux petits croûtons. Pour le cuire au micro-ondes, utilisez un bol assez grand (80 ml (⅓ de tasse) de grains donnent 1 litre (4 tasses) de maïs soufflé) que vous couvrirez d'un papier parchemin maintenu à l'aide d'un élastique. Percez des trous afin de laisser la vapeur s'échapper, sans quoi le bol pourrait éclater sous l'effet de la chaleur.

Salade croquante au fenouil, crevettes et pacanes épicées

Préparation : 15 minutes — **Cuisson** : 10 minutes — **Quantité** : 4 portions

**Pour les pacanes épicées
(donne 250 ml – 1 tasse) :**

30 ml	(2 c. à soupe) de sirop d'érable
7,5 ml	(½ c. à soupe) de sauce sriracha
1 ou 2	pincées de cannelle
250 ml	(1 tasse) de pacanes

Pour la vinaigrette :

60 ml	(¼ de tasse) d'huile d'olive
15 ml	(1 c. à soupe) de vinaigre de riz
15 ml	(1 c. à soupe) de tamari
15 ml	(1 c. à soupe) de miel
10 ml	(2 c. à thé) de moutarde de Dijon
1	lime (jus)
1	gousse d'ail hachée

Pour la salade :

1	fenouil
1	pomme verte ou rouge émincée
28	crevettes moyennes (calibre 31/40), cuites et décortiquées
1	contenant de roquette de 142 g
1	avocat coupé en huit quartiers

—

1. Préchauffer le four à 180 °C (350 °F).

2. Dans un bol, mélanger le sirop d'érable avec la sauce sriracha et la cannelle. Ajouter les pacanes et remuer pour bien les enrober de sirop. Sur une plaque de cuisson tapissée d'une feuille de papier parchemin, répartir les pacanes en une seule couche. Napper du mélange de sirop d'érable.

3. Rôtir au four environ 10 minutes, jusqu'à ce que les pacanes soient dorées. Laisser tiédir. Les pacanes peuvent se conserver jusqu'à 10 jours dans un contenant hermétique placé au réfrigérateur.

4. Dans un bol, fouetter les ingrédients de la vinaigrette. Réserver.

5. À l'aide d'une mandoline, émincer finement le bulbe du fenouil.

6. Dans un saladier, mélanger les deux tiers de la vinaigrette avec le fenouil, la pomme, les crevettes et la roquette. Répartir la salade dans les assiettes.

7. Garnir chacune des portions de deux quartiers d'avocat et de pacanes épicées. Napper avec le reste de la vinaigrette.

—

LE SAVIEZ-VOUS ?
—

Le fenouil est un aliment polyvalent

Cette plante aromatique originaire d'Italie est particulièrement recherchée pour sa fraîche saveur anisée. Deux parties bien distinctes constituent le fenouil. Le bulbe s'apprête comme un légume, cru, cuit, émincé ou en dés. Il ajoutera du croquant à vos plats. Le feuillage plumeux du fenouil, quant à lui, est utilisé à la manière d'une herbe fraîche. N'hésitez pas à en parsemer vos salades, vos pâtes, vos pizzas... Le fenouil se conserve au réfrigérateur plusieurs jours, mais comme sa saveur s'estompe rapidement, il est recommandé de le déguster le plus tôt possible après l'achat.

Salade de rubans de courgettes

Préparation : 20 minutes — Quantité : 4 portions

4	petites courgettes
125 ml	(½ tasse) de grains de grenade

Pour la vinaigrette :

60 ml	(¼ de tasse) d'huile d'olive
30 ml	(2 c. à soupe) de ciboulette hachée
30 ml	(2 c. à soupe) d'aneth haché
15 ml	(1 c. à soupe) de zestes de citron
15 ml	(1 c. à soupe) de jus de citron
15 ml	(1 c. à soupe) de menthe hachée
	Sel et poivre au goût

—

1. Dans un saladier, fouetter les ingrédients de la vinaigrette.

2. À l'aide d'une mandoline ou d'un économe, tailler les courgettes sur la longueur en fins rubans.

3. Déposer dans le saladier avec les grains de grenade. Remuer délicatement.

—

J'aime avec... ## Pois chiches rôtis

Dans un bol, mélanger 30 ml (2 c. à soupe) d'huile d'olive avec 15 ml (1 c. à soupe) d'épices cajun et 2,5 ml (½ c. à thé) de cumin. Rincer et égoutter le contenu de 1 boîte de pois chiches de 540 ml. Bien assécher sur du papier absorbant. Mélanger les pois chiches avec l'huile parfumée, puis étaler le mélange sur une plaque de cuisson tapissée de papier parchemin. Rôtir au four de 20 à 25 minutes à 205 °C (400 °F), en remuant à mi-cuisson.

Kale César

Préparation : 12 minutes — **Cuisson :** 15 minutes — **Quantité :** 6 portions

Pour les croûtons maison :

2	tranches de pain croûté rassis coupées en gros cubes
30 ml	(2 c. à soupe) d'huile d'olive
1	pincée de sel

Pour la vinaigrette :

125 ml	(½ tasse) de mayonnaise allégée (de type « ½ moins de gras » de Hellmann's)
15 ml	(1 c. à soupe) de lait
10 ml	(2 c. à thé) de moutarde de Dijon
2,5 ml	(½ c. à thé) de pâte d'anchois
1,25 ml	(¼ de c. à thé) de pâte d'ail
	Sel et poivre au goût

Pour la salade :

1	botte de chou kale
160 ml	(⅔ de tasse) de parmesan râpé grossièrement

1. Préchauffer le four à 205 °C (400 °F).

2. Dans un bol, mélanger les cubes de pain avec l'huile et le sel. Déposer sur une plaque de cuisson couverte d'une feuille de papier parchemin. Cuire au four 15 minutes, jusqu'à ce que les croûtons soient dorés et croustillants. Retirer du four et laisser tiédir.

3. Dans un saladier, mélanger les ingrédients de la vinaigrette. Réserver.

4. Retirer la tige et la partie ligneuse des feuilles de chou kale, puis déchiqueter les feuilles.

5. Déposer le chou kale et les croûtons dans le saladier. Mélanger. Garnir de parmesan râpé.

—

J'aime parce que... Le chou kale est nourrissant !

Offert à longueur d'année, le chou kale (ou chou frisé) est LE légume vert de l'heure. Délicieux et bourré d'antioxydants, c'est aussi une excellente source de vitamine K. On le cuisine cru ou cuit, en salade, en pesto, en potage, en smoothie vert et même en croustilles ! Pour préparer ces dernières, déchiquetez quelques feuilles que vous déposerez sur une plaque de cuisson. Salez, poivrez, versez un filet d'huile d'olive, puis faites griller au four 15 minutes à 150 °C (300 °F).

Recette de Ève Godin, nutritionniste

Salade de têtes de violon

Préparation: 20 minutes — **Cuisson:** 10 minutes — **Marinage:** 2 heures — **Quantité:** 4 portions

900 g	(2 lb) de têtes de violon
2	citrons (jus)
1	oignon
1	tomate
1	poivron rouge
30 ml	(2 c. à soupe) de persil haché
30 ml	(2 c. à soupe) de ciboulette hachée

Pour la vinaigrette:

125 ml	(½ tasse) d'huile de tournesol
60 ml	(¼ de tasse) de vinaigre de vin rouge
15 ml	(1 c. à soupe) d'ail haché
—	

1. Dans un sac de plastique, secouer vigoureusement les têtes de violon pour éliminer les écailles brunes. Laver à grande eau, en changeant l'eau plusieurs fois.

2. Dans une casserole d'eau bouillante, verser le jus de citron. Cuire les têtes de violon de 10 à 15 minutes. Refroidir sous l'eau froide et égoutter.

3. Dans un saladier, déposer les têtes de violon. Couper en dés l'oignon, la tomate et le poivron. Ajouter dans le saladier avec le persil et la ciboulette.

4. Dans un petit bol, mélanger les ingrédients de la vinaigrette. Verser dans le saladier et bien mélanger. Laisser mariner de 2 à 3 heures au frais avant de servir. Si désiré, présenter la salade sur un lit de feuilles de laitue.

—

Recette de Jean Olivier, chef

Salade de betteraves colorées et feta

Préparation : 20 minutes — **Cuisson :** 45 minutes — **Quantité :** de 4 à 6 portions

3	betteraves rouges
3	betteraves jaunes
½	contenant de feta de 200 g, égouttée
80 ml	(⅓ de tasse) de pacanes grillées
3	oignons verts émincés

Pour la vinaigrette :

15 ml	(1 c. à soupe) de moutarde à l'ancienne
15 ml	(1 c. à soupe) de moutarde de Dijon
15 ml	(1 c. à soupe) de jus de citron
	Sel et poivre au goût
60 ml	(¼ de tasse) d'huile d'olive
15 ml	(1 c. à soupe) d'origan haché

1. Rincer les betteraves. Préparer deux casseroles d'eau bouillante salée. Dans la première, déposer les betteraves rouges. Dans la seconde, déposer les betteraves jaunes. Cuire les betteraves 45 minutes, en prenant soin de les garder légèrement croquantes. Refroidir sous l'eau froide et égoutter.

2. Préparer la vinaigrette. Dans un bol, fouetter les moutardes avec le jus de citron, le sel et le poivre. Verser l'huile en un mince filet et l'incorporer progressivement en fouettant. Ajouter l'origan.

3. Peler les betteraves et les couper en rondelles.

4. Disposer dans un plat les betteraves, la feta émiettée, les pacanes et les oignons verts. Napper de vinaigrette.

Salade de courge tiède à la grecque

Préparation : 25 minutes — **Cuisson :** 15 minutes — **Quantité :** 4 portions

1	petite courge spaghetti
60 ml	(¼ de tasse) d'olives noires tranchées
12	tomates raisins coupées en deux
½	oignon rouge émincé
1	poivron rouge émincé
1	contenant de feta de 200 g, coupée en dés
	Sel et poivre au goût

Pour la vinaigrette :

60 ml	(¼ de tasse) d'huile d'olive
30 ml	(2 c. à soupe) de jus de citron
30 ml	(2 c. à soupe) de menthe hachée
15 ml	(1 c. à soupe) d'origan haché
—	

1. Couper la courge en deux sur la longueur et retirer les graines à l'aide d'une cuillère. Déposer les moitiés de courge dans un plat allant au micro-ondes, côté chair dessus. Ajouter un peu d'eau dans le plat et couvrir d'une pellicule plastique. Cuire à intensité élevée 15 minutes, selon la grosseur de la courge. À l'aide d'une fourchette, gratter l'intérieur de la courge. La courge est cuite lorsque les filaments se détachent aisément. Faire attention de ne pas trop cuire pour éviter que la chair ne se gorge d'eau et devienne de la purée.

2. Dans un bol, mélanger les ingrédients de la vinaigrette.

3. Ajouter la chair tiède de la courge et le reste des ingrédients. Remuer.

—

Salade de choux de Bruxelles pomme-cheddar

Préparation : 20 minutes — **Quantité :** 4 portions

1	pomme
500 g	(environ 1 lb) de choux de Bruxelles
125 ml	(½ tasse) de noix de Grenoble hachées
100 g	(3 ½ oz) de cheddar coupé en dés

Pour la vinaigrette :

80 ml	(⅓ de tasse) d'huile d'olive
60 ml	(¼ de tasse) de persil haché
30 ml	(2 c. à soupe) de vinaigre de cidre
2	oignons verts hachés
	Sel au goût
	Piment d'Espelette au goût (facultatif)

—

1. Dans un saladier, fouetter les ingrédients de la vinaigrette.

2. Tailler la pomme en dés et déposer dans le saladier. Remuer.

3. Couper les choux de Bruxelles en deux, puis les émincer finement. Déposer dans le saladier avec les noix et le cheddar. Remuer.

—

Salade d'edamames

Préparation : 20 minutes — **Cuisson :** 3 minutes — **Quantité :** 4 portions

Pour la vinaigrette :

45 ml	(3 c. à soupe) de vinaigre de riz
30 ml	(2 c. à soupe) d'huile de canola
30 ml	(2 c. à soupe) de sauce soya
10 ml	(2 c. à thé) de tahini (beurre de sésame)
5 ml	(1 c. à thé) de miel

Pour la salade :

250 ml	(1 tasse) d'edamames surgelés
250 ml	(1 tasse) de fèves de soya germées
2	branches de céleri hachées
1	poivron rouge coupé en dés
1	grosse carotte émincée finement
2	oignons verts hachés
30 ml	(2 c. à soupe) de coriandre hachée

—

1. Dans une casserole d'eau bouillante salée, cuire les edamames de 3 à 4 minutes, jusqu'à ce qu'ils soient *al dente*. Égoutter et rafraîchir sous l'eau froide. Égoutter et laisser tiédir.

2. Dans un saladier, fouetter les ingrédients de la vinaigrette.

3. Ajouter les légumes, la coriandre et les edamames dans le saladier. Remuer.

—

Salade de chou nappa au cari

Préparation : 15 minutes — **Quantité :** 4 portions

1 litre (4 tasses) de chou nappa émincé finement

½ oignon rouge émincé

45 ml (3 c. à soupe) de ciboulette hachée

30 ml (2 c. à soupe) d'estragon haché

Pour la vinaigrette :

125 ml (½ tasse) de yogourt nature

60 ml (¼ de tasse) de mayonnaise

30 ml (2 c. à soupe) de miel

15 ml (1 c. à soupe) de cari

15 ml (1 c. à soupe) de vinaigre de riz

Sel et poivre au goût

—

1. Dans un saladier, fouetter les ingrédients de la vinaigrette.

2. Ajouter les légumes et les fines herbes dans le saladier. Remuer.

—

Vinaigrettes classiques

Les meilleures salades ne sauraient se passer d'un filet de vinaigrette ! Et lorsque ces dernières sont faites maison, elles sont d'autant plus appétissantes ! Ne vous rabattez plus sur celles du commerce et concoctez vous-même les fameuses vinaigrettes César, ranch, italienne, au sésame et Cie !

De base

Quantité : 250 ml (1 tasse) — **Conservation :** de 3 à 4 jours

125 ml	(½ tasse) d'huile d'olive
60 ml	(¼ de tasse) de vinaigre de vin blanc
60 ml	(¼ de tasse) d'échalotes sèches hachées
15 ml	(1 c. à soupe) de moutarde de Dijon
	Sel et poivre au goût

—

1. Dans un bol, fouetter les ingrédients. Conserver au frais.

—

César

Quantité : 300 ml (environ 1 ¼ tasse) — **Conservation :** de 2 à 3 jours

1	œuf
15 ml	(1 c. à soupe) de câpres hachées
10 ml	(2 c. à thé) d'ail haché
125 ml	(½ tasse) de parmesan râpé
15 ml	(1 c. à soupe) de moutarde de Dijon
3	filets d'anchois (facultatif)
125 ml	(½ tasse) d'huile d'olive
1	citron (jus)
	Sel et poivre au goût

—

1. Dans une casserole d'eau bouillante, cuire l'œuf avec sa coquille 1 minute 30 secondes. Rafraîchir quelques minutes sous l'eau froide. Écaler. **2.** Déposer l'œuf dans le contenant du robot culinaire avec les câpres, l'ail, le parmesan, la moutarde et, si désiré, les anchois. Mélanger à basse vitesse. **3.** En poursuivant l'émulsion, incorporer progressivement l'huile et le jus de citron. Saler et poivrer. Conserver au frais.

—

Italienne

Quantité : 225 ml (environ 1 tasse) — **Conservation** : de 3 à 4 jours

80 ml	(⅓ de tasse) d'huile d'olive
45 ml	(3 c. à soupe) de vinaigre de vin rouge
45 ml	(3 c. à soupe) de parmesan râpé
15 ml	(1 c. à soupe) d'ail haché
10 ml	(2 c. à thé) de moutarde de Dijon
10 ml	(2 c. à thé) de basilic haché
5 ml	(1 c. à thé) de persil haché
5 ml	(1 c. à thé) d'origan haché
5 ml	(1 c. à thé) de flocons de piment
5 ml	(1 c. à thé) de poudre d'oignons
	Sel et poivre au goût

1. Dans un bol, fouetter les ingrédients. Conserver au frais.

—

Psst !

Vous pouvez remplacer le persil, le basilic et l'origan par 15 ml (1 c. à soupe) d'assaisonnements à l'italienne.

Française

Quantité : 250 ml (1 tasse) — **Conservation** : de 3 à 4 jours

15 ml	(1 c. à soupe) de moutarde de Dijon
15 ml	(1 c. à soupe) de moutarde à l'ancienne
30 ml	(2 c. à soupe) de vinaigre de vin rouge
30 ml	(2 c. à soupe) d'échalotes sèches hachées
45 ml	(3 c. à soupe) de persil haché
5 ml	(1 c. à thé) d'ail haché
	Sel et poivre au goût
125 ml	(½ tasse) d'huile d'olive

1. Dans un bol, fouetter les moutardes avec le vinaigre. **2.** Incorporer les échalotes, le persil et l'ail. Saler et poivrer. **3.** Verser l'huile en un mince filet en fouettant. Conserver au frais.

—

Érable et balsamique

Quantité : 230 ml (environ 1 tasse) — **Conservation :** de 3 à 4 jours

60 ml	(¼ de tasse) de vinaigre balsamique
45 ml	(3 c. à soupe) de sirop d'érable
	Sel et poivre au goût
125 ml	(½ tasse) d'huile d'olive

—

1. Dans un bol, mélanger le vinaigre balsamique avec le sirop d'érable. Saler et poivrer. **2.** Incorporer l'huile en fouettant. Conserver au frais.

—

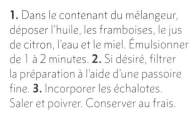

Aux framboises

Quantité : 310 ml (1 ¼ tasse) — **Conservation :** de 2 à 3 jours

80 ml	(⅓ de tasse) d'huile d'olive
250 ml	(1 tasse) de framboises
15 ml	(1 c. à soupe) de jus de citron
60 ml	(¼ de tasse) d'eau froide
30 ml	(2 c. à soupe) de miel
45 ml	(3 c. à soupe) d'échalotes sèches hachées
	Sel et poivre au goût

—

1. Dans le contenant du mélangeur, déposer l'huile, les framboises, le jus de citron, l'eau et le miel. Émulsionner de 1 à 2 minutes. **2.** Si désiré, filtrer la préparation à l'aide d'une passoire fine. **3.** Incorporer les échalotes. Saler et poivrer. Conserver au frais.

—

À la grecque

Quantité : 125 ml (½ tasse) — Conservation : de 3 à 4 jours

80 ml	(⅓ de tasse) d'huile d'olive		15 ml	(1 c. à soupe) de persil haché
30 ml	(2 c. à soupe) de jus de citron		15 ml	(1 c. à soupe) de basilic haché
30 ml	(2 c. à soupe) d'origan haché		10 ml	(2 c. à thé) d'ail haché
15 ml	(1 c. à soupe) de zestes de citron			Sel et poivre au goût
15 ml	(1 c. à soupe) de vinaigre de vin rouge			—

1. Dans un bol, fouetter les ingrédients. Conserver au frais.

—

Miel et moutarde

Quantité : 240 ml (environ 1 tasse) — Conservation : de 3 à 4 jours

15 ml	(1 c. à soupe) de moutarde de Dijon
15 ml	(1 c. à soupe) de moutarde à l'ancienne
30 ml	(2 c. à soupe) de miel
15 ml	(1 c. à soupe) d'ail haché
30 ml	(2 c. à soupe) de vinaigre de cidre
125 ml	(½ tasse) d'huile d'olive
	Sel et poivre au goût
	—

1. Dans un bol, fouetter les moutardes avec le miel, l'ail et le vinaigre de cidre. 2. Verser l'huile en un mince filet en fouettant. Saler et poivrer. Conserver au frais.

—

Ranch

Quantité : 330 ml (1 ⅓ tasse) — **Conservation :** de 2 à 3 jours

125 ml	(½ tasse) de mayonnaise
80 ml	(⅓ de tasse) de crème sure
60 ml	(¼ de tasse) de jus d'orange
60 ml	(¼ de tasse) de persil haché
5 ml	(1 c. à thé) de poudre d'ail
2,5 ml	(½ c. à thé) de chipotle
2,5 ml	(½ c. à thé) de cumin
	Sel au goût

—

1. Dans un bol, fouetter les ingrédients. Conserver au frais.

—

Crémeuse au bleu

Quantité : 225 ml (environ 1 tasse) — **Conservation :** de 2 à 3 jours

80 ml	(⅓ de tasse) de crème sure	15 ml	(1 c. à soupe) de moutarde de Dijon
30 ml	(2 c. à soupe) de mayonnaise	50 g	(1 ¾ oz) de fromage bleu
30 ml	(2 c. à soupe) de persil haché		Sel et poivre au goût
30 ml	(2 c. à soupe) de ciboulette hachée		

—

1. Dans le contenant du mélangeur, déposer les ingrédients. Émulsionner de 1 à 2 minutes. Conserver au frais.

—

Au sésame

Quantité: 180 ml (¾ de tasse) — **Conservation:** de 2 à 3 jours

15 ml	(1 c. à soupe) de tahini (beurre de sésame)
30 ml	(2 c. à soupe) de vinaigre de riz
60 ml	(¼ de tasse) de mayonnaise
30 ml	(2 c. à soupe) de sauce soya
30 ml	(2 c. à soupe) de mirin
15 ml	(1 c. à soupe) de gingembre haché
15 ml	(1 c. à soupe) de graines de sésame grillées
10 ml	(2 c. à thé) d'ail haché
	Sel et poivre au goût

—

1. Dans un bol, délayer le tahini dans le vinaigre de riz. **2.** Incorporer le reste des ingrédients. Conserver au frais.

—

Thaï épicée

Quantité: 185 ml (environ ¾ de tasse) — **Conservation:** de 3 à 4 jours

80 ml	(⅓ de tasse) d'huile d'olive ou de canola		30 ml	(2 c. à soupe) de jus de lime
45 ml	(3 c. à soupe) de sauce sriracha		30 ml	(2 c. à soupe) de miel
				Sel au goût

—

1. Dans un bol, fouetter les ingrédients. Conserver au frais.

—

Index des recettes